Como falar de arte com as crianças

→Françoise Barbe-Gall

radução **Célia Euvaldo**

SÃO PAULO 2016

sumário

5 **Introdução**

6 **O bom começo**

8 • Despertar a vontade de ver quadros
10 • O segredo das visitas bem-sucedidas
13 • O que lhes mostrar de acordo com a idade?
14 – De 5 a 7 anos
16 – De 8 a 10 anos
18 – De 11 a 13 anos

20 **Temos o direito de não saber tudo...**

23 • Os quadros e o museu
26 • Os pintores
31 • A pintura do século XX
36 • Os temas religiosos
40 • Os retratos
43 • Os temas mitológicos e históricos, as alegorias
45 • As paisagens
47 • As cenas da vida cotidiana, a representação
dos objetos
48 • O preço de um quadro

50 **As fichas de obras**

52 • Como utilizar as fichas de obras?

54 *A Anunciação*, Fra Angelico
58 *O casal Arnolfini*, Jan van Eyck
62 *São Jorge e o dragão*, Paolo Uccello
66 *O nascimento de Vênus*, Botticelli
70 *As tentações de santo Antônio*, Hieronymus Bosch
74 *Mona Lisa* ou *A Gioconda*, Leonardo da Vinci
78 *São Jerônimo em uma paisagem*, Joachim Patinir
82 *Retrato de Carlos V a cavalo*, Ticiano
86 *Paisagem de inverno com patinadores*,
   Bruegel o Velho
90 *Davi*, Caravaggio
94 *A trapaça com o ás de paus*, Georges de La Tour
98 *Apolo e Mársias*, Jusepe de Ribera
102 *Natureza-morta com frutas e lagosta*,
   Jan Davidsz de Heem
106 *O julgamento de Salomão*, Nicolas Poussin
110 *A carta de amor*, Johannes Vermeer
114 *O colosso* ou *O pânico*, Francisco de Goya
   y Lucientes
118 *O poeta pobre*, Carl Spitzweg
122 *Chuva, vapor e velocidade.*
   A estrada de ferro Great Western, William Turner
126 *O almoço*, Claude Monet
130 *As passadeiras*, Edgar Degas
134 *O quarto de dormir*, Vincent van Gogh
138 *O aniversário*, Marc Chagall
142 *O mecânico*, Fernand Léger
146 *Composição com vermelho, amarelo e azul*,
   Piet Mondrian
150 *Mulher chorando*, Pablo Picasso
154 *Número 3, Tigre*, Jackson Pollock
158 *Monocromo azul, sem título*, Yves Klein
162 *O rei dos zulus*, Jean-Michel Basquiat
166 *Retrato de Isabel Rawsthorne em pé numa*
   rua do Soho, Francis Bacon
170 *As jovens de Olmo II*, Georg Baselitz

174 **Para saber mais**

A Yoram.
Para Emmanuel, Éden, Raphaël.

*Esta obra foi publicada originalmente em francês
com o título COMMENT PARLER D'ART AUX ENFANTS
por Le baron perché
Copyright © 2009, Le baron perché, 30, rue Jacob 75006,
Paris
Copyright © 2012, Editora WMF Martins Fontes Ltda.,
São Paulo, para a presente edição.*

1ª edição *2012*
2ª tiragem *2016*

Tradução *Célia Euvaldo*
Revisão da tradução *Andréa Stahel M. da Silva*
Acompanhamento editorial *Luzia Aparecida dos Santos*
Revisões gráficas *Helena Guimarães Bittencourt,
Ana Maria de O. M. Barbosa*
Edição de arte *Katia Harumi Terasaka*
Produção gráfica *Geraldo Alves*
Paginação *Moacir Katsumi Matsusaki*

**Dados Internacionais de Catalogação na Publicação (CIP)
(Câmara Brasileira do Livro, SP, Brasil)**

Barbe- Gall, Françoise
   Como falar de arte com as crianças / Françoise Barbe-Gall ;
tradução de Célia Euvaldo. – São Paulo : Editora WMF Martins
Fontes, 2012.

   Título original: Comment parler d'art aux enfants.
   ISBN 978-85-7827-572-3

   1. Arte – Século 20 – Apreciação 2. Artes e crianças 3. Pintura –
Apreciação I. Título.

12-05227
                                                    CDD-750

Índices para catálogo sistemático:
1. Pinturas : Belas artes   750

Todos os direitos desta edição reservados à
Editora WMF Martins Fontes Ltda.
*Rua Prof. Laerte Ramos de Carvalho, 133
01325.030 São Paulo SP Brasil
Tel. (11) 3293.8150 Fax (11) 3101.1042
e-mail: info@wmfmartinsfontes.com.br
http://www.wmfmartinsfontes.com.br*

Este livro pretende facilitar a vida de todos aqueles que gostam de pintura mas na verdade não sabem como olhá-la e que desejariam compartilhar esse prazer com seus filhos. A única ambição do livro é fornecer algumas chaves.

Ele não requer nenhum conhecimento prévio, nem de termos históricos ou artísticos, nem de pedagogia. Não se trata de um manual de história da arte: aqui não se encontrarão nem as divisões cronológicas habituais, nem uma sucessão de termos eruditos que acabam desestimulando o leitor.

O mundo da pintura é relativamente intimidador. As perguntas mais evidentes nem sempre são fáceis de exprimir. Hesitamos em admitir que nada compreendemos de determinada obra diante da qual todo o mundo se extasia, e é igualmente incômodo saber o que apreciamos em outra. As perguntas, sobretudo as mais lógicas, ficam quase sempre sem resposta, porque não ousamos abordá-las, convencidos de que somos os únicos a não saber "aquilo" — o que, obviamente, não é verdade. Este livro, então, formula claramente essas perguntas. As explicações apresentadas, sem pretender ser exaustivas, procuram responder-lhes da maneira mais clara e precisa possível.

Aqui, a abordagem tradicional das obras se inverte: o leitor não encontra um conjunto de informações teóricas sobre a época, o contexto, o artista, o tema etc., mas vê-se diretamente diante da imagem. É ela o ponto de partida. Esse processo é facilmente explicável: para a criança, assim como, aliás, para o adulto não especializado, o quadro constitui sempre a prioridade. Ele está ali, imediato, no presente. É inútil, portanto, perder-se em preâmbulos e rodeios que reprimiriam o interesse que acaba de ser despertado. O que há para ver e por quê? Como dizê-lo com palavras comuns, aquelas que empregamos no dia a dia?

Para preparar uma visita a um museu com uma criança, para responder às perguntas que ela fará ao ver um quadro numa igreja, num antiquário ou num livro, cada um poderá encontrar pistas para satisfazer sua curiosidade e seguir o percurso que lhe convier. Conforme o momento ou o humor, este livro poderá parecer curto demais ou um único parágrafo será suficiente. É para ser folheado, estar sempre à mão, para ser lido em todos os sentidos: se ele conseguir proporcionar o sentimento de que, afinal, nada era tão complicado assim, terá cumprido sua missão.

o
bom

começo

Angelico
Uccello
Botticelli
Vinci
Patinir
Titian
Caravaggio
La Tour
Ribera
de Heem
Poussin
Vermeer
Goya
Monet
Turner
van Gogh
Degas
Léger
Chagall
Mondrian
Pollock
Klein
Basquiat
Bacon
Baselitz

Despertar a vontade de ver quadros

Assim como no caso da leitura, o interesse das crianças pela arte e, em especial, pela pintura não tem nada de automático. Às vezes, pouca coisa basta para fazê-lo nascer, e pouca coisa pode destruí-lo... Mais vale ser prudente quanto à maneira de abordar o tema.

Abandonar os antigos reflexos.

Embora com as melhores intenções do mundo, às vezes as coisas já começam mal. Quem nunca ouviu dizer ou até disse: "Não se pode ir a essa cidade e não visitar o museu." "Essa é uma das coisas que é preciso conhecer", ou ainda: "Você vai ver, é muito interessante" ou "muito bonito"... Esses argumentos, decerto bastante razoáveis para um adulto, são destituídos de fundamento para uma criança. Com essas afirmações, temos pouquíssima chance de despertar seu interesse — menos ainda de aguçar sua vontade —, pois nada disso constitui para elas uma razão válida. Entrando no assunto dessa maneira, é muito provável que você comprometa o sucesso de seu projeto.

Interrogar suas próprias lembranças.

Afinal, você tem tanta certeza de saber por que tal empreitada vale a pena? Que lembranças você tem de seus primeiros passos numa exposição? Se forem ruins ou simplesmente enfadonhas, melhor guardá-las para si mesmo. A memória do tédio é um tédio, e este é contagioso. Se, ao contrário, a experiência tiver sido agradável, tente descobrir por quê. Não racionalize, abandone o saber e as noções teóricas que você tiver adquirido desde então e volte-se para a época dessa primeira impressão. É por aí que se deve começar, é principalmente isso que se deve transmitir...

Exprimir simplesmente a impressão do momento.

Sem recuar muito no tempo, há certamente uma obra, um lugar, um detalhe de um quadro ou de uma escultura que, algum dia, tocou alguma parte de você. Pode ter sido uma coisa muito simples: uma sensação passageira, uma atmosfera, uma cor, a exposição em questão, uma reprodução no jornal ou num livro. É isso, mais do que qualquer discurso erudito, que você compartilhará com uma criança utilizando suas próprias palavras do dia a dia.

O privilégio de uma troca afetiva.

Em todos os casos, a troca acontecerá a partir daquilo que tem um interesse pessoal para você e da dimensão afetiva da mensagem. Diga a uma criança que você gosta de determinada obra, que outra lhe desagrada, que o diverte, o intriga... É provável que ela queira saber por quê, que queira conhecer o segredo mais a fundo. Melhor ainda: não hesite em admitir que você não sabe por que sente isto ou aquilo... Peça a opinião da criança; com um pouco de sorte, ela lhe emprestará suas próprias palavras. Tenha certeza de que — muito mais que o valor intrínseco de uma obra, seja ele qual for — o preço subjetivo que você atribui a ela é infinitamente mais importante para a criança. Trata-se de entreabrir uma porta que só pertence a você. Sua palavra é soberana, não se trata de uma lição de escola, mas de uma confidência e do privilégio que ela supõe.

Saber limitar seu entusiasmo.

Mais do que tudo, não exalte antes em demasia o que vai mostrar a uma criança. Isso a privaria de um prazer totalmente legítimo, o de sua própria descoberta. Em qualquer idade, nada é mais chato que ouvir alguém se derramar em elogios por alguma coisa que não conhecemos, que ainda não vimos, lemos ou visitamos... Assim, refrear seu próprio entusiasmo se revelará necessário: a criança poderia perceber que se trata de seu território pessoal e que lá não há lugar para ela. Se você manifestar-lhe de cara o seu prazer, suas emoções, suas opiniões exaustivamente, o que sobrará para ela? Portanto, deixe à criança espaço e silêncio para encontrar sua própria linguagem. Sem dúvida, um adulto mudo diante de um quadro que ele pretende fazer uma criança apreciar não é nada convincente. Mas um adulto prolixo demais, seguro demais do que sente e do que sabe é com certeza pior.

Deixar a criança fazer suas próprias escolhas.

Se a criança não compartilha o seu interesse, deixe-a conduzir. Uma vez dado o impulso, será preciso respeitar as prioridades dela. Suas preferências terão fornecido um ponto de partida, e nada mais. Observe o que a atrai. Siga-a de sala em sala até que ela pare diante de algo que lhe fala, mesmo que passe sem lançar sequer um olhar para aquilo que para você (e sem dúvida para outros) representa uma perfeita obra-prima. Sempre haverá tempo de voltar, ou melhor, de chegar a ela. Seu objetivo é possibilitar, provocar um encontro: não cabe necessariamente a você determinar onde e quando ele deve acontecer. A escolha de determinadas obras pode deixar você surpreso, desconcertado e até ir de encontro a seu gosto, mas é essa escolha que oferecerá, incontestavelmente, o melhor ponto de partida, quer se trate de uma paisagem do século XIX, quer de uma tela monocromática dos anos 1960.

Começar por onde quiser.

Saber "por onde começar" é uma questão que deve ser deixada de lado. Nessa fase, a ideia não é introduzir a criança numa aprendizagem metódica especializada que leve em conta a cronologia, a história das civilizações ou dos estilos. Se mais tarde ela desejar adquirir uma cultura artística aprofundada, isso já é outra história. Ela então dedicará a isso o tempo necessário e se sujeitará às exigências particulares da disciplina. Por enquanto, pense apenas em lhe proporcionar um prazer, o prazer bastante simples mas muito raro de ver bem. Começar descobrindo que temos a liberdade de olhar exatamente o que queremos, apenas aquilo que temos vontade, por tanto tempo (ou por tão pouco tempo) quanto desejarmos, é uma das condições principais.

O segredo das visitas bem-sucedidas

Se queremos que a visita ao museu, a uma exposição temporária, a uma galeria de arte etc. seja ao mesmo tempo agradável e proveitosa, é melhor ter em mente algumas regras que, de tão simples, às vezes são esquecidas:

Banir as visitas "dia de chuva".
A ideia, nem sempre explícita, de que tardes chuvosas são uma excelente ocasião para visitar um museu ainda passa pela cabeça de muita gente. É evidente que nas férias, por exemplo, quando brilha um belo sol, preferimos em geral fazer outra coisa em vez de "fechar-nos" com quadros...
É uma noção que precisa ser derrubada: ela supõe que nos resignamos a entrar nesse tipo de lugar quando tiverem sido esgotadas todas as outras possibilidades de "passar o tempo". Um passeio ao museu deve ser uma opção, até mesmo uma festa, certamente não um plano B ou um quebra-galho. Além disso, é infinitamente mais agradável apreciar pinturas iluminadas por uma bela luz do que por um tempo encoberto. Não há nada de mais lúgubre, ao contrário, que fazer fila nos vestiários para guardar as capas de chuva ou os guarda-chuvas gotejantes... Esses detalhes não importam para o apreciador determinado, mas podem deturpar completamente as primeiras impressões de uma criança.

Escolher um destino que não exija um trajeto longo demais.
Todos já ouviram os eternos "Falta muito?", "Quando vamos chegar?" em qualquer trajeto com crianças. Se o museu visado requer uma viagem longa demais, é preferível renunciar ao projeto. O cansaço e a irritação já terão tomado conta de sua boa disposição. E será ainda pior quando a criança compreender que, depois de chegarem, ainda terá de caminhar porque não há outra maneira de visitar um museu. Mesmo que se evite esse inconveniente, ainda há o problema da entrada do museu ou da exposição: as filas de espera às vezes parecem intermináveis... Nesse caso, infelizmente, não há nada a fazer senão voltar outro dia ou respirar fundo e seguir adiante. Mas atenção: quando entrarem, em vez de se precipitarem para dentro do museu, tirem um tempo para dar uma voltinha pela cafeteria a fim de recuperar forças. A visita, assim, ficará mais fácil.

Não ficar tempo demais no museu (não tentar "ver tudo").
Qualquer que seja o tipo de museu a que se vai, uma visita sempre requer um esforço da parte de uma criança. Manter a compostura, não fazer barulho, não tocar em nada são para ela restrições (para as menores, os amplos espaços das salas de exposição são, aliás, bastante propícios às brincadeiras de escorregar e de correr). Olhar quadros também exige dela uma atenção que será maior se não tentarmos prolongá--la. É mil vezes melhor observar atentamente uma única obra por cinco minutos que passar os olhos por tudo arrastando os pés durante uma hora. Sem chegar a esses

extremos, nunca esqueça que, ao cabo de meia hora, a criança pode estar saturada e que, quanto mais nova for, mais reduzido deve ser o tempo de visita. É melhor voltar outro dia.

Explicar às crianças as regras a serem respeitadas no museu.
Em todos os locais de exposição, os princípios básicos são os mesmos. Não devemos tocar nas obras nem nos aproximar demais delas, e é proibido fotografar com *flash*. Para crianças, instruções tão imperativas parecem arbitrárias. Convém então explicar-lhes que essas medidas visam manter as pinturas em bom estado pelo maior tempo possível: algumas, muito antigas, que sobreviveram a guerras, a incêndios, a inundações, ao tempo etc., são insubstituíveis e extremamente frágeis. É preciso, portanto, tomar muito cuidado com elas. Evitar tocá-las, mesmo com as mãos limpas, para limitar o depósito de microrganismos (invisíveis a olho nu) ou para não serem arranhadas. As fotos com *flash* (que, além do mais, são repetidas por centenas de visitantes) produzem uma luz muito forte, suscetível a longo prazo de provocar uma espécie de queimadura... Para eliminar as tentações, em alguns museus as máquinas fotográficas são pura e simplesmente proibidas.

Pôr-se no lugar das crianças (ou na altura delas).
Nos museus, os quadros são dispostos em função dos visitantes adultos. Se você se abaixar para se colocar na mesma altura que as crianças, perceberá que elas não podem ver a mesma coisa que você. Lembre-se disso, pois assim você compreenderá por que elas se interessam por algum detalhe que lhe parece secundário ou que não tinha visto: ele está na altura dos olhos delas.

Utilizar os mapas e ler as legendas.
Na maioria dos museus, mapas estão à disposição do público. As crianças ficarão muito satisfeitas em aprender a se orientar sozinhas se você lhes der a oportunidade. Para as maiores, poderá ser interessante compreender como as obras são apresentadas na sequência das salas. A exibição é cronológica, destaca um tema, a produção de um artista ou de um país específicos, aproxima quadros de épocas e de pintores diferentes? As crianças não têm necessariamente o reflexo de ler as legendas, aquelas pequenas etiquetas informativas que acompanham cada obra exposta. Podemos mostrar-lhes, ajudá-las a decifrar ali os títulos exatos dos quadros, os nomes dos artistas e as datas, bem como as informações técnicas essenciais, como "óleo sobre madeira", "óleo sobre tela" etc.

Não hesitar em voltar para ver as mesmas obras.
Assim como as histórias que elas gostam de ouvir cem vezes ou os vídeos a que assistem infinitas vezes, as crianças que olharam um quadro sentem muitas vezes vontade de revê-lo. Não fique então com a impressão de marcar passo se cada visita ao museu implicar sempre o mesmo percurso. Isso durará apenas algum tempo, e, no

começo, esse ritual é importante. O quadro "queridinho" servirá de passaporte para todos os outros... Com a sua ajuda, a criança perceberá pouco a pouco que é possível ver e rever o mesmo quadro descobrindo cada vez novos aspectos.

Pensar em comprar cartões-postais depois da visita.
Reserve tempo suficiente para poder comprar cartões-postais. A escolha pode ser demorada... Lembranças da visita, os cartões têm a imensa vantagem de serem móveis: podem ser dispostos como se quiser na parede do quarto, ou utilizados como marcador de livro, às vezes ficam perdidos... e são encontrados como se fossem velhos conhecidos. Dão uma completa liberdade de manipulação à criança, que os colecionará ou os espalhará conforme seu humor. No momento, os cartões-postais proporcionam o prazer de escolher "belas imagens"; depois, à medida que o tempo passa, constituem uma maneira bastante simples de manter uma familiaridade com a pintura.

Não negligenciar o lanche ou a pausa na cafeteria do museu.
Um passeio ao museu não é completo sem uma passagem pela cafeteria. É como o cinema sem pipoca ou sem sorvete. Se não houver uma no museu, procure um lugar nos arredores. Quanto mais novas forem as crianças, mais importante isso será.
É o que fará da visita uma verdadeira "saída".

O que lhes mostrar de acordo com a idade?

Não vale a pena fixar limites quanto a isso. Toda pintura é suscetível de falar ao espírito de uma criança. Com frequência pensamos que uma criancinha será mais sensível a uma obra abstrata, sob o pretexto de que esta "parece uma pintura de criança" ou que é inútil olhar obras cujo tema ela não conhece...

Não é bem assim. Tente. Você se surpreenderá com a percepção bastante aguçada que as crianças têm de um quadro. Seu mundo cotidiano é um mundo de imagens. Sem saber, elas assimilaram muitos mecanismos visuais, que no fundo provêm de uma tradição antiga, a da pintura. Apoie-se nessa realidade sem estabelecer *a priori* juízo de valor sobre as imagens de que elas gostam e aquelas que, segundo você, deveriam apreciar.

As sugestões a seguir têm o objetivo de esclarecer certos pontos para ajudá-lo a orientar suas escolhas de visitas. Essas sugestões devem ser um lembrete daquilo que, em geral, mais prende a atenção das crianças, mas não podem de maneira nenhuma ser tomadas como princípios absolutos. A partir do momento em que uma criança é capaz de se interessar por livros de imagens, também estará em condições de ver pinturas e ter prazer com isso. No entanto, para que um diálogo produtivo se estabeleça com ela diante de uma obra, é preciso um vocabulário suficiente, que se adquire em geral por volta dos cinco anos de idade. Essa é, portanto, a idade de partida escolhida neste livro.

Faixas etárias aqui adotadas:

cinco a sete anos ✦, oito a dez anos ✶, onze a treze anos (e mais) ✹ não constituem obviamente categorias estanques, mas indicações, a serem nuançadas conforme a maturidade de cada criança.

A cada um desses três níveis corresponde uma diferente estrela. Para um manuseio fácil do livro, essas estrelas orientam os comentários sobre as obras abordadas a partir da p. 50.

De 5 a 7 anos

O que as atrai:

• Cores vivas e quentes. As estatísticas mostram que a cor preferida das crianças pequenas é o vermelho.

• Formas e cores nitidamente contrastadas, sem nuances. No limite, como as do jogo de Lego.

• O que dá a ilusão de relevo porque "parece de verdade".

• O que imita com precisão a textura das coisas (tecido, cabelos, peles etc.) que fazem apelo ao sentido do tato tanto quanto ao da visão.

• Representação de personagens: uma "senhora", um bebê, animais etc. Representação de lugares familiares: a casa, o campo, um jardim, uma cidadezinha, a praia etc. Elas gostam muito, portanto, dos quadros impressionistas.

• A representação do movimento e das atitudes: o personagem corre, dorme, mergulha, cai, dança etc.

• Tradução clara das emoções: a ternura, o riso, a raiva, o choro, a surpresa... na pintura de todas as épocas.

• Composições simples com uma figura principal e, em todo caso, poucos elementos diferentes.

• Detalhes mínimos. É com frequência o que elas veem em primeiro lugar.

Não esquecer:

A relação com a vida cotidiana.

Elas gostam das imagens nas quais reconhecem circunstâncias, objetos, fatos e gestos com que habitualmente deparam. Uma criança verá em determinada obra a atitude da mãe quando ela se inclina para a frente para pentear seus cabelos, a do pai com a cara mergulhada nos papéis em seu escritório. Outra sentirá familiaridade com o cobertor vermelho de Van Gogh (nº 21), pois tem um igual em casa.

A ligação com seus próprios corpos.

Os menores não se contentam, por assim dizer, em olhar com os olhos. Seu corpo inteiro participa. Eles têm facilidade de imitar o que veem, incorporando literalmente a imagem que logo serão capazes de descrever com gestos. Aí então encontrarão as palavras correspondentes às ideias ou aos sentimentos expressos. As imagens ou esculturas cujo tratamento é suficientemente expressivo para favorecer essa abordagem são, portanto, bem-vindas.

A dimensão do imaginário.
Diante de uma imagem, elas inventam facilmente sua própria história: "Com certeza ela está chorando porque...", "Acho que antes ele fez isso ou aquilo" etc. Diante de um quadro abstrato, costumam associar as formas e as cores a objetos precisos: assim, uma mancha amarela será qualificada de "sol" ou de "lua", ao passo que uma forma vaga será batizada "banana" ou "cobra". Determinado respingo verde, que para você não inspira nada, será para elas uma graminha ou uma perereca saltando... Melhor assim; essa é a maneira delas de se apropriar daquilo que olham. Em geral, as obras contemporâneas (pinturas, esculturas, instalações), oferecendo-lhes boa margem de liberdade na interpretação, aguçam bastante sua curiosidade. Os materiais mais simples ou mais inesperados (gravetos, pedaços de plástico, fragmentos diversos, pedrinhas...), amiúde empregados na arte de hoje, possuem um poder de evocação muito poderoso e funcionam como um trampolim para o sonho.

Pôr palavras nas coisas.
O que quer que elas olhem, é sempre possível avivar seu interesse com o auxílio de perguntas-respostas simples: "Você não acha que...?"; "O que isto lembra a você?"; "Que impressão isto passa?"; "Você já viu coisas que parecem com isto?"; "Eu acho que...". Podemos ajudá-las a depreender certas noções como claro-escuro, leve-pesado, transparente-opaco, espesso-fino, preciso-vago, que elas transporão mais tarde para outras obras. É um bom começo treiná-las para olhar bem, dando livre curso à sua imaginação e mostrando-lhes aos poucos que cada imagem possui uma atmosfera própria.

Livros, mais que o museu.
As visitas a museus são cansativas para as crianças muito pequenas. Sua atenção se dispersa com facilidade. Por outro lado, eles adoram olhar livros, que têm a vantagem de criar uma espécie de itinerário lúdico às vezes impossível no museu. Por exemplo, num livro sobre Mondrian, figura a reprodução de um quadro com vermelho, amarelo e azul. No correr das páginas, o vermelho desaparece para retornar quando o amarelo, por sua vez, vai embora... E assim por diante. Procurar, esperar, perder, encontrar e perder de novo uma cor é uma longa história. Cores, formas, gestos: esse exemplo pode ser aplicado com qualquer livro que contenha fotos de pinturas e de esculturas. Folhear o livro a dois é o que importa no começo. É uma coisa afetuosa como as histórias que lemos aos pequenos de noite. Se a criança manifesta uma preferência por uma obra ou por um tipo de obra em especial, é certamente recomendável ir vê-la "ao vivo", se for possível. Isso será então um verdadeiro encontro.

De 8 a 10 anos

O que lhes agrada:

• Obras bastante coloridas e/ou bastante contrastadas as atraem tanto quanto aos mais novos.

• Imagens que dão a oportunidade de contar histórias: as descritas pelo quadro e/ou a dos pintores.

• Figuras claramente tipificadas: o bom, o mau, o grande, o fraco, o desajeitado etc. Não é por acaso que esses tipos são amplamente explorados nos filmes (desenhos animados ou não), nas histórias em quadrinhos, nos *videogames* etc.

• Situações de confronto ou de combate, conquanto o bom vença o mau, o pequeno vença o grande... É o roteiro de referência.

• Heróis.

• O que faz rir, que suscita a troça.

• O que provoca medo.

• Figuras estranhas ou monstruosas.

• Imagem da vida cotidiana em outras épocas "porque hoje já não é desse jeito".

• Ficar diante de uma obra o tempo suficiente para ter a impressão de entrar nela. É dessa maneira que as paisagens aparecem muitas vezes como "convites à viagem". Caminhamos nos vales, nos perdemos numa tempestade, enfrentamos monstros desconhecidos, embarcamos num navio... É o espaço das grandes jornadas.

Não esquecer:

As referências visuais das crianças.

O universo visual infantil, cuja qualidade estética é bastante desigual, é povoado de inúmeros personagens de filmes, de *videogames*, de histórias em quadrinhos, que são, na maior parte do tempo, heroicos ou violentos. É preciso aproveitar essas figuras para analisar os princípios que ilustram, ou seja, em geral o Bem e o Mal: por exemplo, em filmes como *Guerra nas estrelas* ou *O homem aranha*... Essas noções são tratadas sob múltiplos aspectos na pintura ou na escultura, em especial nos temas mitológicos e bíblicos.

A atração das civilizações diferentes.

Inúmeras produções destinadas às crianças utilizam esse registro. Para enriquecer o cenário, tornar o enredo mais interessante, os filmes se passam na China antiga, entre os incas, no Egito... Esse é um bom ponto de partida para que a criança em seguida se interesse por obras provenientes do país ou da época em questão.

A familiarização com o museu.

Esta é a melhor faixa etária para começar. O fato de se dirigir intencionalmente a um lugar com o objetivo de lá olhar algo especial é um tanto excitante.

As informações para descobrirem por conta própria.

É extremamente valorizador para as crianças lerem sozinhas as etiquetas situadas ao lado das obras expostas e descobrirem o nome dos artistas, o título das obras, datas e outras informações.

Na primeira vez, talvez tomem o número de inventário por uma data de nascimento, mas com a sua ajuda aprenderão bem rápido. Para elas, é muito mais atrativo encontrar as informações por si mesmas do que ouvir você enumerá-las. Além do mais, isso significa reconhecer-lhes uma forma de autonomia, o que será sempre apreciado.

A pergunta do "como é feito".

Ela provoca muito mais curiosidade que antes. As obras pintadas, esculpidas, as *assemblages*, em que se podem distinguir mais facilmente elementos técnicos (marcas do pincel ou da brocha, da tesoura, dos dedos, impressões diversas, respingos, manchas etc.), são, nesse aspecto, sedutoras para as crianças. A escola maternal, aliás, já as sensibilizou para essas noções.

É uma boa oportunidade para habituá-las a olhar uma obra tomando um pouco de distância em relação ao tema tratado. Isso se aplica tanto às obras antigas como às contemporâneas. É o momento em que é preciso favorecer tudo o que possa lhes esclarecer sobre a prática dos artistas. Observar (sem atrapalhar) os copistas que eventualmente trabalham nos museus, visitar ateliês — quando são acessíveis — de gravura, de tecelagem, de cerâmica etc. Observar, mesmo que de longe, os canteiros de restauração (arquitetura, vitrais...).

De 11 a 13 anos

O que lhes interessa:
- A personalidade do artista, os elementos marcantes de sua história.
- O porquê de uma obra, o que levou à sua realização em determinado momento da vida do artista.
- A maneira como uma obra é construída; por exemplo, como é obtida a ilusão de profundidade por meio da perspectiva.
- A técnica do pintor ou do escultor, que lhe permite traduzir visualmente uma sensação ou uma ideia. Por exemplo, o que dá a impressão de movimento mesmo que as figuras representadas estejam imóveis, o que evoca a noção de autoridade ou o que produz a harmonia num retrato, o modo como a realidade é estilizada para obter uma expressão mais intensa...
- O tempo necessário para a realização de uma obra.
- Os símbolos que, uma vez decifrados, dão acesso a toda uma rede de significados ocultos. Por que se representou uma pomba em determinado quadro? O que significa aqui a vela acesa?
- A comparação entre diferentes obras do mesmo artista. Os autorretratos propiciam uma oportunidade privilegiada para isso: ver Rembrandt, Van Gogh, Gauguin... Seja qual for o tema tratado, essa é também uma maneira de identificar o que caracteriza diferentes períodos da carreira de um artista.
- A comparação entre obras de artistas diferentes que trataram temas idênticos ou similares (traços comuns e diferenças).
- A relação de um artista e/ou uma obra com a história, o modo como essa relação depende da história. Podemos começar a nos apoiar nos programas escolares de literatura ou de história para embasar os comentários sobre uma obra, mesmo que só para buscar paralelos, semelhanças.
- Quanto custa uma obra.

Não esquecer:
As crianças começam a ficar menos disponíveis.
Em parte devido aos estudos, agora nitidamente mais exaustivos. Razão a mais para definir muito bem o que desejamos compartilhar com elas, sem lhes dar a impressão de que estão perdendo tempo ou, ao contrário, de que estão fazendo horas extras de estudo.

O olhar delas é menos espontâneo.
Elas já sabem muitas coisas e têm tendência a tirar conclusões apressadas sobre o que veem ("Isto não vale nada", "É malfeito", "Não serve para nada"). Dizer-lhes sem rodeios que estão erradas certamente bloqueará a situação. O melhor é adotar uma

atitude aberta (pergunte a opinião delas, compartilhe uma informação, interrogue-se, compare...) que as levará sutilmente a ver o que antes tinham desdenhado, ou melhor, simplesmente a ver.

Certos temas as embaraçam.
Esta é a idade em que as representações de nu as deixam desconfortáveis. Uma vez que a proporção dessas imagens é excessiva na história da arte, seria absurdo e lamentável evitar o tema. Em todo caso, apresentar o sentido da obra será o melhor meio de atenuar ou de superar o problema (a nudez dos heróis, a relação simbólica com a verdade, as variações da moda em matéria de proporção, as pesquisas em anatomia, a representação mais ou menos realista da pele etc.).

As imagens publicitárias.
Os jovens as conhecem de cor. Essas imagens constituem uma referência para eles. Desse modo, é preciso tirar partido do fato de que a publicidade utiliza muitas vezes a história da pintura, enfatizar que isso não é por acaso e não deixar de incentivá-las a distinguir as imagens assim distorcidas. Se determinada obra (ou detalhe) é utilizada na imagística comercial, poderão observar o original, se for acessível, ou pelo menos encontrar uma reprodução fiel. Por exemplo, o desenho utilizado até 2006 pela Manpower (um homem de proporções perfeitas inscrito num círculo) é emprestado da obra de Leonardo da Vinci. Da mesma maneira, o grafismo da L'Oréal para a linha Studio Line deriva claramente das pinturas de Mondrian. Além dessas citações mais ou menos livres, pode-se observar como o uso das cores e a escolha das atitudes nas propagandas, na moda, nas reportagens retomam elementos simbólicos há muito tempo utilizados nas pinturas...

A razão de ser das obras.
Essa se torna uma questão essencial. O que lhes dá vontade de olhar algo que não necessariamente as atraía é ali descobrir uma postura, uma atitude que legitima a obra. Nesse sentido, tudo o que diz respeito à personalidade do artista começa a lhes interessar. Por exemplo, olhar estudos românticos de nuvens não lhes parecerá, talvez, muito excitante. Mostrar-lhes que no século XIX essa era uma maneira de traduzir a instabilidade das emoções (as nuvens são formas que ocultam todas as referências, elas se acumulam antes da tempestade, anunciam a chegada de tempestade...) atrairá mais o interesse dessas crianças.

A história dos artistas.
Sendo a história da arte a um só tempo geral e abstrata demais para elas, por enquanto é a história dos artistas que lhes interessa. Daí a ideia de priorizar a visita a exposições monográficas ou aos museus particularmente ricos em obras do mesmo artista, e até mesmo dedicados inteiramente a ele. A dimensão do artista "estrela" desempenha aqui seu papel.

temos o direito de não

saber tudo...

Mais cedo ou mais tarde ouvimos uma criança alardear uma pergunta muito simples que nós mesmos nunca ousamos formular. O problema é que, no momento em questão, vemo-nos incapazes de responder... No entanto, não somos obrigados a saber tudo, e a maioria das pessoas depara com as mesmas perguntas, quase sempre condenadas a permanecer pendentes. É hora de mudar tudo isso e recomeçar do zero, fazendo abertamente essas perguntas que parecem relativamente simples e dando fim a alguns lugares-comuns... A propósito dos pintores e dos quadros, de seus temas e de suas razões de ser, quer na Idade Média quer no século xx...

A articulação dos temas seguintes responde a uma dupla vontade:
• Ir do geral ao particular: as considerações sobre os museus e os quadros como objetos (p. 23) precedem as questões ligadas ao trabalho dos artistas (p. 26) e, *a fortiori*, as que tratam dos temas da pintura (pp. 36-48) ou do preço dos quadros (p. 48).
• Abordar os temas segundo a ordem em que se desenvolveram desde a Idade Média: os temas religiosos (p. 36), depois os retratos (p. 40), a mitologia e a história (p. 43), as paisagens (p. 45), por fim as cenas da vida cotidiana e a representação dos objetos (p. 47).
Uma exceção foi feita para a pintura contemporânea (p. 31), que, naturalmente, deveria fechar esta parte; assim fizemos para tratar de saída as questões e os problemas mais comumente levantados hoje.

Os quadros e o museu

Os quadros antigos nem sempre estiveram num museu.
Por trás de cada quadro que vemos no museu há uma longa história. Nenhum foi pintado, originariamente, para estar lá. Antigamente, as obras ornavam igrejas, palácios ou residências, pertenceram a colecionadores. Viam-se, em geral, muito menos obras ao mesmo tempo e num ambiente bastante diferente. Se levarmos em conta que a luz elétrica só surgiu no final do século XIX, compreenderemos os efeitos que, à luz das velas, os quadros com fundo dourado produziam ou a maneira como a intensidade das cores podia atrair o espectador mergulhado numa semiobscuridade... Muitas das obras contemporâneas, em contrapartida, são frequentemente concebidas para espaços públicos, incluindo os museus, como o atesta seu formato monumental...

O "inconveniente" dos museus de arte antiga é que neles vemos muitos quadros religiosos...
É compreensível que a grande proporção de temas religiosos afugente muitos visitantes: por que perder tempo com imagens cujo conteúdo não corresponde a nossas próprias convicções? No entanto, foi utilizando a pintura para difundir sua mensagem que a Igreja cristã, desde a Idade Média, deu aos pintores a possibilidade de elaborar uma linguagem visual eficaz: a disposição significativa dos elementos de uma obra, a escolha e a articulação das cores, o uso simbólico da luz e da sombra foram apurados, na origem, pelas e nas obras religiosas. Tudo isso perdura nas imagens atuais de qualquer natureza, exatamente como a construção das frases num texto. Evitar os quadros religiosos por causa de seu tema significa privar-se do acesso a uma linguagem que hoje alimenta até as imagens publicitárias.

Com que são feitos os quadros?
Os dois componentes essenciais de um quadro são o suporte (madeira ou tela) e a tinta propriamente dita. Os quadros mais antigos são pintados sobre madeira (em geral choupo ou carvalho). Já no século XV e, de maneira mais ampla, a partir do século XVII, utilizou-se a tela, que permitia obter obras mais leves, mais fáceis de conservar (menos sensíveis às variações do clima) e de transportar (a tela é enrolada). A tinta em si é composta de pigmentos (pós de cores) e de um aglutinante ou *medium* (fala-se de pintura *a têmpera* ou *a óleo*): até o século XVIII, utilizavam-se pigmentos naturais. Em seguida, apareceram os pigmentos químicos, que multiplicaram os tons disponíveis. Na pintura *a têmpera*, o aglutinante é à base de cola ou de ovo. A partir do século XV difundiu-se a pintura *a óleo*, mais transparente e de consistência mais fluida. Até pelo menos o século XIX, a tinta era aplicada sobre uma camada de preparação (branca ou ocre) e recoberta com um verniz protetor. Muitos pintores contemporâneos usam tinta acrílica.

O que significa a expressão "técnica mista"?

Ela indica que o artista misturou os materiais (tinta a óleo, acrílica, verniz, laca etc.). Além da tinta propriamente dita, ele pode também ter utilizado elementos alheios à técnica tradicional (objetos diversos, tecidos, papéis, areia, madeira, vidro...).

Além de pinturas, que tipo de imagem podemos ver num museu?

As obras sobre papel — desenhos, gravuras, pastéis —, mas também as fotografias fazem parte das coleções expostas nos museus ou nas exibições temporárias. Muitos dos desenhos são estudos ou esboços preparatórios, realizados num estágio mais ou menos avançado da concepção de uma pintura. Eles constituem às vezes obras autônomas. Em razão de sua fragilidade, esses diferentes tipos de obra são apresentados com uma iluminação nitidamente menor que a das pinturas, e em geral durante períodos menos longos.

Todas as pinturas murais são chamadas de "afrescos"?

Não. O termo "afresco" designa uma técnica particular que supõe a aplicação das cores sobre uma base *fresca* (em italiano, *fresco*, que resultou na palavra "afresco"). Durante a secagem, é produzida uma reação química que garante a solidez da tinta, como que aprisionada por essa base. Uma pintura mural simples é feita a seco sobre a base. Ela pode até ter sido realizada sobre uma tela que depois foi colada com marufle na parede ou no teto...

Como é possível que possamos ver num museu pinturas murais ou afrescos?

Essas pinturas, na origem efetivamente pintadas sobre as paredes de um palácio, de um convento ou de uma igreja, podem ter sido transferidas para um museu. Para isso, foi preciso destacar a camada de tinta do suporte sobre o qual ela se encontrava porque ele estava danificado. Hoje, ainda se recorre a essa prática mas tenta-se, o máximo possível, conservar as obras no local em que foram pintadas, mesmo que sejam ligeiramente deslocadas para garantir uma conservação melhor. Trata-se de uma pintura *déposée* [depositada].

Por que alguns quadros são assinados e outros não?

Isso depende, em primeiro lugar, da época em que foram pintados. Durante muito tempo, o tema do quadro e sua destinação importavam mais que seu autor. Os pintores da Idade Média não assinavam suas obras, pois eram considerados artesãos (da mesma maneira que padeiros ou farmacêuticos) que simplesmente aplicavam um conhecimento técnico.

A partir do Renascimento, no século XV, com o desenvolvimento da noção de indivíduo, passou-se a considerar mais o aspecto intelectual da pintura, e os pintores começaram a assinar com mais frequência seus quadros, sem que isso se tornasse sistemático. Foi preciso esperar o século XIX para que a prática se generalizasse. A assinatura é por vezes acompanhada da data em que o quadro foi pintado (talvez do local também).

Hoje, novamente, algumas obras já não são assinadas, pelo menos não de maneira visível. Isso corresponde tanto a uma opção estética (a assinatura perturbaria a imagem) quanto a uma vontade de apagar o "romantismo" inerente à individualidade apregoada do autor.

Por que os quadros antigos costumam ser escuros?

Alguns quadros foram deliberadamente pintados nessas tonalidades. No século XVII, por exemplo, as representações de cenas noturnas faziam muito sucesso. De modo mais geral, o escurecimento se deve ao envelhecimento do verniz que recobre a pintura. Com o tempo, este torna-se mais amarelo e até castanho. Hoje, é possível melhorar extraordinariamente a legibilidade do quadro suavizando com precaução esses vernizes (uma camada maior ou menor é retirada). Pode ocorrer também que certas obras, expostas por muito tempo à fumaça de círios e velas, tenham aos poucos se encardido. Nesse caso, é possível limpá-las. Por outro lado, quando se trata da qualidade das tintas originais, não há solução.

Os quadros deteriorados são repintados?

Não, não são repintados, mas podem ser restaurados. Isso significa que são limpos, que a camada pictórica é novamente fixada (quando a tinta se destaca do suporte e levanta) ou que o suporte é consolidado. Se a imagem contém uma lacuna (um lugar em que a pintura desapareceu completamente), pinta-se a zona em questão com um tom médio (próximo das cores vizinhas) por meio de pequenas pinceladas paralelas. Essas pinceladas devem ser detectáveis a olho nu. Dessa maneira, o quadro, ainda que bastante danificado, fica mais agradável de olhar mas sem embuste. A restauração obedece a três regras estritas: deve ser legível (não se deve poder confundi-la com as partes originais), reversível (deve-se sempre poder retirar o que foi utilizado para a restauração sem dano para a obra) e deve utilizar materiais estáveis (deve-se evitar o risco de que os produtos empregados possam se modificar contaminando o quadro).

Por que alguns quadros são protegidos por um vidro e outros não?

O grau de fragilidade das obras é desigual. O vidro reduz a exposição à poeira e os riscos de contato de todo tipo. Os quadros, principalmente os mais famosos, são alvos de vandalismo. Ao longo da história, muitas pinturas foram atacadas (como a *Dânae* de Rembrandt, Museu do Hermitage, São Petersburgo, vítima de um jato de ácido, ou a *Vênus no espelho* de Velázquez, National Gallery, Londres, vítima de lacerações), sob diversos pretextos ideológicos ou morais. Faz-se, portanto, o máximo para protegê-las.

É possível que quadros sejam roubados de um museu?
Isso acontece. Algumas obras são encontradas com maior ou menor rapidez, outras, jamais. O roubo mais famoso foi o da *Mona Lisa*, ocorrido no Museu do Louvre em 21 de agosto de 1911. Só foi recuperada dois anos depois. O autor do roubo, um italiano, pensara em restituir o quadro ao seu país de origem, acreditando que ele tinha sido furtado durante as campanhas de Napoleão na Itália... Desde aquela época, as condições de segurança foram enormemente reforçadas em todos os museus.

Quem escolhe as molduras dos quadros antigos?
Às vezes, a moldura é original, isto é, foi escolhida por quem encomendou ou pelo pintor, e nunca foi trocada desde a realização da pintura em si, mas essa é uma circunstância bastante rara. Pode também ter sido colocada por um antigo proprietário da obra, distante no tempo, e cuja escolha reveste um interesse histórico. De modo mais geral, são os conservadores responsáveis pelas coleções do museu que administram essa questão.

Por que alguns quadros apresentados nos museus não estão completos?
Inúmeras obras da Idade Média e do Renascimento eram pinturas com elementos múltiplos: dípticos (de duas partes), trípticos (um painel central e duas abas laterais), polípticos (vários painéis). Por vezes, alguns elementos estavam danificados e não foram conservados. Mas, com mais frequência, essas pinturas foram desmembradas nos séculos passados, pois os elementos dispersos, de formato menor, eram mais facilmente vendidos para particulares. Algumas telas foram recortadas pelas mesmas razões. Dessa maneira, hoje, museus de diferentes países possuem às vezes fragmentos de uma mesma obra.
A adaptação de uma pintura ao gosto de uma época (recortava-se um quadro retangular para fazer um oval, mais em voga) ou às necessidades práticas do momento (desejava-se ajustar a tela ou o afresco às dimensões de um local) foi igualmente um fator determinante para a mudança de formato ou de tamanho de muitas obras.

Os pintores

O que faz um pintor ser um "grande pintor"?
Um "grande pintor" muda o olhar dos outros, tanto o dos artistas como o do público. Depois dele, não se pode mais pintar como se fazia antes. Ele se inscreve na história da arte porque seu trabalho transmite uma visão de mundo a um só tempo profundamente original, inovadora e capaz de tocar o maior número de pessoas. Suas obras estão enraizadas em sua época mas resistem, pelo menos a longo prazo, às transformações da moda. Um "grande pintor" influencia muitos

outros, impõe-se como modelo sendo ao mesmo tempo inimitável. Leonardo da Vinci inventou o claro-escuro (nº 6), Caravaggio foi o primeiro a radicalizar as cenas noturnas (nº 10), Patinir desenvolveu a paisagem (nº 7), Degas interessou--se pela expressividade dos corpos (nº 20)...

De que maneira os pintores aprendiam (aprendem) seu ofício?

Na Idade Média ou no Renascimento, a aprendizagem começava muito cedo. Por volta dos dez anos, entrava-se no ateliê de um pintor reconhecido. Era preciso aprender, primeiro, tudo o que dizia respeito à preparação das tintas (como triturar as pedras para obter os pigmentos, diluí-los etc.) antes de se lançar ao desenho e, depois, à pintura. Isso exigia vários anos durante os quais o aluno servia também como assistente, em seguida, eventualmente, como colaborador. Tornava-se mestre quando era considerado capaz de receber e de garantir pessoalmente encomendas. Nesse momento, estava apto para trabalhar em seu nome e abrir seu próprio ateliê, no qual se formariam, por sua vez, futuros pintores. Esse sistema explica por que, nos séculos passados, o ofício de pintor passava de pai para filho (ou, mais raramente, de pai para filha).

A partir do século XVII, as academias (agrupamentos de artistas para organizar e ministrar um ensino teórico e prático), depois as escolas, foram aos poucos sendo criadas. Estão na origem das escolas de Belas-Artes atuais, frequentadas pelos jovens artistas.

Um pintor precisa morrer para ficar famoso?

Essa é uma ideia corrente, nascida da frequentação dos museus de arte antiga. Ela dá a impressão de uma equivalência: pintor conhecido = pintor morto. Isso, felizmente, é incorreto: os museus de arte contemporânea e as galerias estão aí para prová-lo... A maioria dos pintores cujas obras vemos nos museus foram admirados e ficaram famosos ainda em vida. É verdade que a distância no tempo ajuda a pôr em perspectiva a obra de um artista e permite avaliar mais precisamente o impacto que ele teve sobre a história da pintura. A fama de um pintor é, portanto, tanto mais estável quanto mais longo for o tempo em que está instituída.

Os pintores famosos hoje sempre foram famosos?

Às vezes a avaliação a respeito de um artista muda no decorrer dos séculos. A evolução do gosto, a dispersão ou a destruição parcial de sua obra podem provocar certo desinteresse. Assim, Vermeer (nº 15) e Georges de La Tour (nº 11), ambos pintores do século XVII, foram respectivamente "redescobertos" pelos historiadores da arte nos séculos XIX e XX, depois de um longo período de esquecimento. Esse foi apenas um parêntese na história de suas obras, pois hoje se sabe que esses pintores foram bastante apreciados em vida... Por outro lado, Van Gogh (nº 21) — completamente desconhecido durante sua vida — ficou famoso depois. A novidade de seu trabalho, difícil de ser aceita por seus contemporâneos, correspondia mais à sensibilidade do século seguinte...

Por que existem muitos pintores anônimos?
Com exceção da Antiguidade greco-romana (da qual conhecemos, graças aos textos, nomes de artistas e descrições de obras, enquanto quase todas as pinturas desapareceram), a vontade de registrar informações sobre a vida e a obra de um pintor é relativamente recente; remonta, para a Itália, somente ao século XVI. Antes disso, só se retinham os nomes dos artistas mais destacados. O problema da identificação dos pintores e da atribuição dos quadros é ainda mais espinhoso porque as obras eram então raramente assinadas. Alguns artistas foram pouco a pouco identificados por meio de comparações efetuadas entre obras de estilo idêntico, de documentos de arquivos (inventários, registros de pagamento, atos notariais) e às vezes por meio de pelo menos uma obra assinada... No entanto, uma vez que fontes documentais foram destruídas ou perdidas com o passar do tempo, essa tarefa se torna muitas vezes impossível enquanto não se descobrirem novos indícios.

Por que não existem muitas mulheres pintoras?
Hoje em dia, há muitas, mas a situação era diferente no passado, devido ao lugar reservado às mulheres na sociedade. Para elas, a possibilidade de exercer um ofício — ainda mais o de pintora — só se ampliou no século XX. A história conta, apesar de tudo, um número não desprezível de mulheres pintoras: Sofonisba Anguissola, 1530-1625; Lavinia Fontana, 1552-1614; Artemisia Gentileschi, 1597-1651; Élisabeth Vigée-Lebrun, 1755-1842; Mary Cassatt, 1844-1926... Algumas foram quase esquecidas ou não identificadas, já que sua produção se confundia com a do ateliê em que trabalhavam. Religiosas na Idade Média, filhas de pintores depois, em geral não pintavam por conta própria. No entanto, a partir do século XVII, algumas obtiveram grande notoriedade em vida. Elas exerceram seu talento essencialmente na área do retrato e da natureza-morta, pois eram proibidas de estudar o modelo nu. Com notáveis exceções, os temas históricos, a pintura mitológica ou religiosa ficaram fora de seu alcance. Atualmente, as mulheres pintoras são objeto de muitos estudos, iniciados há cerca de trinta anos por historiadoras norte-americanas.

O próprio pintor escolhia (escolhe) mesmo seus temas?
Até o final do século XVIII, um pintor trabalhava sob encomenda. Um acordo contratual escrito era feito entre um comanditário e o pintor de sua escolha. Com algumas exceções, o tema era, portanto, determinado pelo comanditário, que especificava suas exigências. Foram encontrados contratos do século XV indicando com exatidão o que devia figurar no quadro encomendado: quantidade de personagens, elementos de decoração, cores a empregar (e até em quais

proporções). Naturalmente, o prazo de entrega era previsto, assim como, por vezes, as intervenções ulteriores do pintor, se fosse necessário (espécie de assistência técnica). O sistema da encomenda perdurou, principalmente no que diz respeito aos quadros oficiais (encomendas religiosas, da realeza ou do Estado), mas aos poucos foi deixando de ser exclusivo. Em alguns casos, no século XVII (nº 10, nº 14) e, sobretudo, no início do século XIX, ou seja, na época romântica, o artista começou a escolher os temas de seus quadros. Sendo assim, era preciso, num segundo momento, encontrar clientes que pudessem apreciá-los e depois comprá-los.

É verdade que os pintores antigos não pintavam apenas quadros?

Na Idade Média, na condição de artesãos, os pintores efetuavam todos os tipos de trabalho que requeriam a aplicação de tinta sobre um suporte. Recebiam encomendas de quadros, mas também de ornamentação de móveis, de mastros para os torneios, estandartes, bandeiras, capas de registros de madeira... A partir do Renascimento (séculos XV e XVI), a situação evoluiu, mas muitos artistas, além de quadros, forneceram desenhos e projetos para decoração de procissões ou de entradas triunfais, de festas e de espetáculos, modelos de peças de ourivesaria...

Ocorreu muitas vezes de um pintor estar em desacordo com seu comanditário?

Sim, e com regularidade. Os problemas de não cumprimento dos prazos ou de não respeito às indicações de representação eram frequentes. A história está repleta de casos de quadros entregues com anos de atraso, ou mesmo que nunca foram entregues (nº 6), de conflitos referentes a figuras consideradas grandes demais, numerosas demais, mal distribuídas no espaço da imagem ou não conformes às regras de decência da época. Às vezes, o pintor modificava a obra no sentido desejado. Um quadro recusado pelo comanditário podia também ser adquirido por um apreciador que o considerasse a seu gosto. Em alguns casos, o negócio era submetido à avaliação de um comitê (grupo de artistas e de notáveis) ou levado aos tribunais.

Qual é a diferença entre um comanditário e um mecenas?

O comanditário é o cliente para o qual o artista trabalha, seja de modo pontual, seja repetido. Suas relações financeiras são determinadas pelo preço da obra encomendada e entregue. Pode se tratar de um móvel ou de um edifício, de uma ópera ou de um jardim... A pintura representa um caso entre outros. O termo mecenas supõe a existência de um vínculo mais específico: sugere o apoio material dado à carreira de um pintor ou a um gênero artístico. O Renascimento viu propagar esse tipo de procedimento, raramente ditado apenas pelo amor à arte: as obras, testemunhando a generosidade e a mentalidade aberta do mecenas, conferem a ele uma forma particular de fama. No século XX, no mesmo espírito, o mundo dos negócios ocupou esse lugar: as companhias industriais, os bancos desenvolvem um mecenato importante, permitindo a montagem de exposições onerosas, financiando restaurações, encomendando obras, instaurando concursos e prêmios destinados a estimular a jovem criação.

Como um pintor podia (pode) "expressar-se" trabalhando sob encomenda?
Há uma ideia generalizada de que um pintor cria seu quadro sob o impacto da inspiração, dando livre curso à sensibilidade e à imaginação (essa perspectiva é especificamente contemporânea). Essa visão a um só tempo romântica e redutora é inconciliável com as realidades restritivas da encomenda que regeram a produção dos quadros durante séculos. Um pintor não "se expressa" unicamente porque ilustra seus próprios estados de alma; ele o faz qualquer que seja o tema. Sua criatividade não reside na faculdade de encontrar um tema, mas na maneira de traduzi-lo. Ninguém além dele pode conceber e instaurar um sistema de formas capaz de traduzir visualmente um significado.

Como os pintores faziam para que seu trabalho fosse conhecido?
Quando um pintor, talentoso, trabalhava no ateliê de um mestre, ele logo se beneficiava da rede de clientela deste. Em seguida, suas obras — visíveis nas igrejas, nos conventos ou nos palácios — garantiam sua reputação, que se propagava de boca em boca. As exposições no sentido moderno da palavra apareceram na esteira das diversas academias (a partir do século XVII), que pretendiam mostrar o trabalho de seus membros. Primeiramente submetidos à aprovação de júris, os artistas escolheram expor com menos restrições, libertando-se aos poucos do jugo da instituição. A partir do final do século XIX, as manifestações e os salões livres se multiplicaram; foi o começo das galerias particulares, local ao mesmo tempo de exposição e de venda.

Os pintores escreveram para explicar seus quadros? Eles realmente "pensaram nisso tudo"?
Para muitos, um texto provindo do pintor poderia por si só justificar a imagem. Nesse caso, uma pintura estaria sempre na dependência do texto. O que não é correto. A pintura é uma linguagem em si. Não se espera de um músico que acompanhe uma sonata com palavras explicativas; por que então o autor de uma pintura deveria fazê-lo? O que o pintor põe em prática é um pensamento visual. Ele não ilustra ideias, materializa-as. Os artistas que escreveram sobre sua obra, como alguns pintores abstratos, não explicaram propriamente seus quadros, mas, antes, explicitaram seu procedimento, expressaram reflexões de ordem geral. Essa questão levanta também a da legitimidade dos discursos dos historiadores da arte. A especificidade de seu trabalho, que alimenta o dos críticos de arte, consiste justamente em decifrar o "texto" constituído por uma imagem. Nesse sentido, suas ideias devem, obviamente, fundamentar-se em diversos elementos, ligados à história, à história da arte, à história do pintor etc.

A pintura do século xx

O que é um quadro abstrato?

Dizemos que um quadro é abstrato quando ele não imita a realidade visível. Não reproduz nem objetos, nem personagens, nem lugares, sejam eles reais ou imaginários. Sua aparência resulta de uma disposição de formas e de cores. Um quadro abstrato não "representa" alguma coisa, ele "apresenta" a si mesmo. Para muitos artistas, a oposição convencional entre "abstrato" e "figurativo" ou "abstração" e "figuração" não é, contudo, radical: a imagem, nascida de um contato com uma realidade qualquer (visual, emocional, sensorial...), conserva em si essa realidade mesmo sem ilustrá-la de modo "fotográfico". Com frequência, veem-se no mesmo quadro zonas "abstratas" perto de outros elementos totalmente figurativos como as "poças" de tinta aos pés de Isabel Rawsthorne, de Francis Bacon (nº 29). Já para outros pintores a distinção entre as duas noções reveste-se de um caráter absoluto. A primeira obra abstrata foi uma aquarela, realizada por volta de 1910 pelo pintor russo Vassili Kandinsky (1866-1944). Ela se encontra no Museé national d'art moderne, em Paris. De modo mais amplo, fala-se de motivos abstratos para se referir a formas sem relação com a natureza, na arte islâmica por exemplo, ou a qualquer outra forma de arte ornamental que satisfaça essas mesmas condições.

O que é um "monocromo"?

É um quadro abstrato pintado com uma única cor. O pintor russo Kasimir Malevitch (1878-1935) é o iniciador desse tipo de pintura, com um quadro de 1918 intitulado *Quadrado branco sobre fundo branco*, conservado no Museum of Modern Art de Nova York. A monocromia não constitui um objetivo em si, mas é o meio adaptado a certo tipo de discurso que confronta o espectador, como antes dele confrontou o pintor, com os limites da representação. Conforme a época e o artista, um quadro monocromático pode significar as mais diversas noções, desde a afirmação da materialidade opaca do quadro até a sugestão do vazio infinito do cosmo. Inevitavelmente ambíguo, ele se baseia no vaivém entre a ideia da aniquilação da pintura e a de sua primeira aparição (nº 27).

Por que os quadros contemporâneos costumam ser pendurados sem moldura?

O abandono das molduras douradas (substituídas por barras brancas ou coloridas), por artistas como Van Gogh, Seurat ou Pissarro no final do século xix, já havia mostrado uma vontade de democratizar o quadro e de distingui-lo da decoração burguesa, elegante, à qual era associado. Resolutamente moderna, a pintura se desfazia de seus antigos ornamentos... Ao suprimir por completo a moldura, alguns artistas do século xx enfatizam mais ainda a autonomia do quadro: nada de exterior a ele deve limitá-lo. Além disso, uma grande parte da pintura no século xx insiste no processo mais que no resultado do trabalho do pintor: a ausência de moldura contribui para dar o sentimento de que a obra é não inacabada, mas fundamentalmente impossível de ser concluída. O quadro já não aparece como um objeto isolado, circunscrito, e sim como um espaço aberto.

Por que às vezes há discrepância entre o título e o que vemos no quadro?
O hábito dos títulos precisos dados às pinturas antigas, pelos artistas ou nos inventários, torna muitas vezes incompreensíveis os de inúmeros quadros do século xx. Isso não decorre de uma desconsideração em relação ao espectador. De fato, um título pode ser determinado por algo além da necessidade de identificar os componentes de uma imagem: evocar a origem do quadro (algo ou alguém que o teria motivado), suscitar uma interrogação sobre o que convém ver nele, sugerir um estado de espírito, fornecer um eco poético ou humorístico à imagem... Em muitos casos, ele faz parte da obra tanto quanto a representação. Não a define, acompanha-a.

Por que muitos quadros são "sem título"?
A imagem sem título é vista como sendo eloquente e forte o bastante para prescindir de nome. Para alguns pintores, nomear o quadro poderia até reduzir seu significado. A ausência de palavras para qualificar a imagem remete à noção de olhar direto, sem nenhum tipo de mediação. Libertando-se de um título, o quadro livra-se igualmente de qualquer obrigação de se conformar a ele. A imagem não corresponde a palavras, tampouco contraria seu sentido; na realidade, ela opta por ignorá-las, ou melhor, ela as substitui. De certa maneira, ela assemelha-se assim a um elemento natural: não se espera de uma montanha que seja intitulada "montanha"... Um título costuma parecer, por essa razão, um acréscimo artificial e inútil, um peso. O título tem também a função utilitária de ajudar a repertoriar as obras. Portanto, chamar um quadro de "sem título" é um subterfúgio para, mesmo assim, intitulá-lo, reduzindo o título a sua função primeira. Como na música — concerto nº 1, nº 2 etc. —, existem séries "sem título nº 1, nº 2 etc.", que convidam o espectador a apreender o conjunto de um processo artístico.

Por que muitos pintores fazem "sempre a mesma coisa"?
Há uma crença de que isso seja uma maneira de "explorar um filão" no plano comercial, dissimulando uma incapacidade para evoluir. É possível. Mas essa ideia esconde duas realidades. Em primeiro lugar, os artistas são seres humanos que precisam comer todos os dias. O próprio Renoir admitia que, se não tivesse feito tantas pequenas e graciosas naturezas-mortas em série, teria morrido de fome. A demanda dos compradores pode, portanto, influenciar amplamente na produção, obrigando um pintor a se "repetir". A não ser que se beneficie das vantagens de uma fortuna pessoal ou de ser um santo, é sem dúvida terrivelmente difícil resistir a essa facilidade. Em segundo lugar, a desaprovação da repetição é,

na maioria das vezes, infundada. Se tantos artistas escolhem um repertório limitado, é para explorar ao máximo suas ínfimas nuances. Não se trata então de repetição, e sim, ao contrário, de uma arte exigente e sutil da variação. Numa sociedade regida pelo fluxo e refluxo das modas, pela obrigação de mudança perpétua e da novidade (como se a novidade fosse um valor em si), o artista que trabalha numa linha única dá provas de uma independência invejável. Ele possui a liberdade fascinante daquele que inventou seu próprio mundo e que nele descobre profundezas insuspeitas (n? 27) aos outros.

Como saber se as obras que vemos "querem mesmo dizer algo"?

Essa é uma pergunta que não fazemos diante de uma obra antiga. A legibilidade do tema e as qualidades técnicas do pintor fornecem referências suficientemente confiáveis: um quadro de Vermeer (n? 15) constitui por si só, por exemplo, um indício eloquente do valor do pintor. Se para a maioria das obras contemporâneas a situação é diferente, é porque um quadro hoje em dia raramente se faz passar por uma totalidade concluída. Ele é uma etapa, um momento, como uma palavra no meio de um livro ou uma pedra na espessura da muralha... Para parecer plenamente significativo, precisa ser recolocado em seu contexto, o itinerário do pintor, a trajetória que, durante anos, funda sua pertinência em relação à história. O procedimento nem sempre é fácil para o espectador, mas as exposições temporárias e os livros oferecem um trunfo precioso. Ao menos podemos ter em mente que o que vemos, aqui e agora, no mais das vezes não passa de um pequeno episódio num longo processo (n.os 24, 26, 27)...

Por que muitas obras parecem "restos de todo tipo"?

Nascida na sociedade de consumo, a arte atual registra suas consequências. Nela o resíduo está, portanto, onipresente. De modo mais profundo, os princípios de representação do mundo foram abalados depois de 1945, ou seja, entre outras coisas, após a explosão da bomba atômica. Depois de Hiroshima o mundo entreviu seu próprio desaparecimento. A imagem não pretende só evocar o resíduo, mas também o fragmento, o rastro e, portanto, a memória. Com aspecto de vestígio arqueológico (como um canteiro de escavações para o futuro), ela testemunha um mundo despedaçado, recolhe seus cacos, coleciona-os. Ela se faz comentário concreto sobre a história. Graças a sua aparente pobreza, essa pintura impõe a ideia de que nenhum detalhe é indigno do olhar, que o menor rasgo, o menor grão de poeira, uma sujeira valem a pena ser abordados como se fossem a última (ou a primeira) vez.

É "malfeito", "mal desenhado".

Esse tipo de julgamento assenta-se sobre um mal-entendido. Espera-se que a arte atual mostre as mesmas qualidades técnicas que a arte antiga e, sobretudo, que as utilize da mesma maneira. Isso é quase a mesma coisa que olhar uma mulher de *jeans* esperando que ela tenha a silhueta de uma marquesa vestida de crinolina... A aparente inépcia de uma pintura, seu aspecto "sujo", o caráter aproximado de um traçado, a ausência de modelado, de proporções, a brutalidade ou a hesitação perceptíveis na obra não constituem a prova da ignorância do pintor, mas explicam-se pela natureza da ideia que ele pretende transmitir. A imagem não é da ordem da narração ou da imitação, ela funciona a partir de equivalências. A desordem, a solidão ou a inocência, a imprecisão da memória ou o júbilo não são aí "representados" como no teatro, mas transmitidos diretamente pela expressividade e pelo movimento das formas e da cor (nº 28)...

"Não está acabado."

O pintor é o único que pode decidir se sua obra está terminada ou não. Ninguém teria o direito de intervir nesse nível. O fato de não compreendermos por que ele parou em certo estágio é uma coisa. Sua motivação é outra. Quanto à exigência do "acabado" em pintura, não é uma lei natural, mas uma noção ligada à história. Achar que um quadro contemporâneo não parece terminado decorre do fato de que nos apoiamos em critérios que hoje em dia já não são válidos. A aparência de "inacabado" geralmente é deliberada, indicando que a obra continuará em outra, que ela não se interrompe senão momentaneamente... Ela reconhece sua insatisfação e ao mesmo tempo a permanência de sua força (nº 30).

"Até uma criança faria isso."

Sem dúvida uma criança realizará uma imagem parecida com algumas pinturas exibidas nos museus. Mas essa criança não tem a objetividade que leva a conceber uma obra. Ela pinta ou desenha espontaneamente (como canta ou dança...), ao passo que o artista elabora conscientemente uma imagem. Uma das maiores dificuldades do pintor é trabalhar utilizando todos os recursos da experiência, da maturidade visual e emocional, sem perder as qualidades da infância. O que ele busca não tem relação com o encanto de uma ingenuidade perdida, mas com a potência e a integridade absolutas das primeiras emoções que ele é capaz de retransmitir.

"Isto é uma bobagem."

O fato de nos sentirmos sem referências diante de uma obra não significa que ela não as contenha. Pode ser que ainda não tenhamos conseguido decifrá-las. Afirmar que "isto é uma bobagem" significa condenar algo cujo sentido simplesmente ignoramos. Em outro registro, não dizemos que alguém que fala uma língua da qual não entendemos patavina está dizendo uma "bobagem". O problema reside na necessidade de uma tradução... A imagem também constitui uma linguagem da qual às vezes é mais sensato admitir que não conhecemos (ainda) a tradução (nº 26).

"Qualquer um pode fazer isso."

Não. A prova: não é qualquer um que está fazendo isso. No entanto, diante de uma tela vazia, de alguns vestígios de cor, de um traço único num quadro, essa reação é bem compreensível. Tecnicamente, "qualquer um" pode de fato, sem dificuldades intransponíveis, realizar um monocromo, por exemplo. Mas aquilo que, intelectualmente, levou a querer fazer um quadro assim continua sendo privilégio de alguns. Geralmente, são necessários muitos anos para que um artista se autorize esse tipo de obra tendo a coragem de se expor à incompreensão do público. Imitar seu trabalho não supõe que o compreendamos e não é fruto da criação. O que se valoriza é justamente essa criação, aquilo que faz com que, numa época e lugar determinados, alguém amadureça e em seguida realize uma obra assim. Existe um abismo entre fazer pintura e ser pintor. Realizar um quadro não basta para fazer de alguém um pintor. É preciso também que seja um modo de existência, um espaço de troca com o mundo. Isso supõe uma escolha de vida que não pode ser, evidentemente, a de todos.

"O pintor debocha do mundo."

Um artista, como todo o mundo, aliás, tem em geral mais o que fazer... O fato é que ele exerce sua liberdade criativa de uma maneira que pode irritar o espectador. A sensação de ser enganado resulta das expectativas frustradas de um público que tem *a priori* uma ideia precisa do que a obra deve trazer... No entanto, o espectador que se sente vítima de um embuste esquece um detalhe importante: ele não pode servir de alvo, pois nada o obriga a olhar uma obra e, menos ainda, a apreciá-la. Um quadro não se impõe a ninguém, ele apresenta aquilo que ele é. E, em termos estatísticos, é altamente provável que os artistas e as obras sejam muito mais o alvo do sarcasmo, da ironia ou até do insulto do que o público...

A pintura antiga é "mais fácil" de entender.

Essa é uma crença ilusória. Num quadro antigo é mais fácil identificar os elementos que o compõem. Mas isso não basta. É preciso também decifrar o tema. Quantos temas — históricos, literários, religiosos, mitológicos — enigmáticos não deixam o espectador frustrado!
Acrescentemos que o fato de reconhecer um tema não basta para compreender uma obra. Ver que a *Mona Lisa* representa um retrato de mulher seria realmente o sinal de uma compreensão da pintura? No passado a pintura requeria do espectador o conhecimento de vários códigos. Hoje ela recorre a outras referências, ancoradas na história contemporânea. Ela fala do que se vive agora, do medo do nada ou da aspiração à desmesura, da derrisão, da revolta ou do desejo, de sensações ou de reflexos... Coisas fáceis de compreender imediatamente, sem mais nenhuma informação.

O que as pessoas chamam de *arte* hoje "não é arte".

Afirmar que "não é arte" significa supor que sabemos definir exatamente o que é arte, que lhe atribuímos a ideia de uma dupla perfeição técnica e estética e que essa dupla perfeição é um objetivo eterno, quaisquer que sejam as turbulências da história. Não é nada disso. Desde a pré-história, a pintura desempenhou um papel vital. Mesmo sem conhecer os detalhes de sua utilização, sabe-se, por exemplo, que na época os homens transportavam as matérias colorantes para longe das jazidas, por centenas de quilômetros: portanto, elas lhes eram tão indispensáveis quanto suas armas. A pintura, ligada à sua sobrevivência, não tinha nada a ver com o encanto de uma decoração. A imagem cria um espaço por meio do qual e no qual o pintor age. Ela é um lugar instaurado entre ele e o mundo; nela ele expressa o que percebe, o que lhe falta, o que espera, o que o amedronta ou o que recusa. Durante alguns séculos, é verdade, a imagem também transmitiu os ideais da beleza que tinham sido forjados, mas isso não pode definir perpetuamente sua função. Nem a pintura nem, de modo mais geral, a arte se limitam à busca do belo, mesmo que a busca da transcendência as habite e que a nostalgia nos faça sentir sua falta.

Por que eles põem "isso" num museu?

Uma obra é adquirida por um museu porque ela encarna um encontro particular entre uma história pessoal (a trajetória do pintor) e a história de uma época. É preciso haver uma real coincidência entre as duas para que o quadro seja significativo. O museu de arte contemporânea não tem necessariamente por única vocação ser um local de deleite estético. Se às vezes é isso que ele é (a arte propõe eventualmente uma alternativa às misérias do mundo), também é um laboratório onde se acumulam as experiências, um local onde se percebe o ambiente como que através de uma lente de aumento, às vezes deformadora. Em todo caso, o tempo terá a última palavra: o olhar enfraquecerá, cansará ou se aguçará; algumas obras perderão sua força, outras ganharão.

Os temas religiosos

Por que há tantos quadros religiosos?

Durante séculos, a arte da pintura só existiu em função da religião cristã, que exercia um papel preponderante na sociedade. A Igreja mandou produzir as imagens e as utilizou para transmitir às pessoas um saber que elas não podiam adquirir de outra maneira. Privadas do acesso aos textos por não saberem ler (de qualquer modo, os livros, muito raros, não podiam ser mostrados a todo o mundo ao mesmo tempo), elas aprendiam a História santa por meio dos quadros. Já havia sido observado nessa época que um apoio visual toca a sensibilidade com mais eficácia do que um discurso e que a memória se impregna disso com mais durabilidade.

Para que serviam os quadros nas igrejas?

Os quadros mostravam às pessoas aquilo em que deveriam crer, forneciam-lhes um conjunto de certezas: o que elas podiam esperar (o Paraíso), temer (os castigos do Inferno), saber (os episódios da História santa) e fazer (praticar a caridade dos santos e suas outras virtudes). Os sermões e pregações dos religiosos familiarizavam os fiéis com cada um dos temas representados. As pinturas também tinham por vocação embelezar os edifícios sagrados, e, quando encomendadas por particulares, constituíam verdadeiras oferendas.

Por que se pintaram tantas *Virgens com o Menino Jesus*?

A onipresença do tema explica-se por seu duplo sentido. Um quadro de Virgem com o Menino Jesus não representa apenas uma mãe com seu bebê. Também tem por objetivo lembrar a existência de Jesus como encarnação do Verbo. A Virgem Maria simboliza a instituição da Igreja que mantém e acompanha a Palavra de Deus feito homem. Como tal, aliás, ela é a mãe de todos os crentes. No decorrer dos séculos, acentuou-se a dimensão humana e terna desse tema, que naturalmente se tornou o mais popular do repertório cristão.

Por que se pintaram tantos *Cristo na cruz*?

A imagem de Cristo na cruz é a de uma morte que, em vez de ser um fim, é, ao contrário, um começo. A religião cristã repousa sobre essa fé na ressurreição de Cristo. Instrumento de suplício infamador, originalmente reservado aos escravos e aos traidores, a cruz torna-se o instrumento do sacrifício e da vitória sobre a morte. Portanto, era indispensável para a Igreja multiplicar suas representações. A partir do século XV, o conhecimento da estatuária antiga e da anatomia permitiu acentuar o realismo do tema, e a imagem de Cristo começou a traduzir um ideal de beleza plástica tanto quanto espiritual.

Por que se pintou tanto a Anunciação?

Essa cena abre a história da Redenção. É o momento em que o anjo Gabriel vem anunciar a Maria o futuro nascimento do Menino Jesus e, sobretudo, o momento em que essa criança se encarna nela. A imagem da Anunciação é, portanto, a do encontro fundamental entre a Palavra e o corpo, entre o espírito e a matéria. Essencial como mensagem religiosa, o tema constituiu igualmente um desafio apaixonante para os pintores que tiveram de elaborar a imagem: como representar aquilo que simboliza o próprio processo de toda criação (nº 1)?

Por que o Menino Jesus tem, muitas vezes, o ar de um adulto?

Ao contrário do que em geral se crê, não é em razão de uma inabilidade dos pintores antigos, que teriam se mostrado incapazes de pintar "bebês verdadeiros". Os traços do rosto e a expressão do Menino Jesus tinham o dever de expressar o conhecimento superior que sua dupla natureza lhe confere: humano e divino ao mesmo tempo, ele é representado com o tamanho de um bebê mas com a maturidade de um adulto. Conforme a época, ele foi assim caracterizado, ainda que de tamanho pequeno, como um orador antigo, de toga e com a mão erguida (imagem da Palavra divina) ou como um atleta (vitória sobre o mal). De maneira geral, ele aparece mais robusto e grave entre os pintores italianos que entre os artistas flamengos, que o mostram mais magro e sorridente.

Por que os personagens têm um círculo dourado em volta da cabeça?
Esse círculo dourado, que se denomina *auréola* ou *nimbo*, simboliza a luz absoluta de Deus, associada a personagens que são seres divinos ou santos. A auréola foi representada de diversas maneiras: como um círculo cheio, como um fino anel de ouro, como um halo... Na maioria das vezes, ela é disposta de acordo com a inclinação da cabeça, como um chapéu, exceto na Idade Média, em que permanece paralela ao fundo do quadro independentemente da posição do personagem (nº 1). Seu significado simbólico é assim aproximado mais claramente do dos fundos dourados que evocam sempre a perfeição inalterável de Deus (nº 1).

Por que às vezes existem retratos nos quadros religiosos?
Os retratos integrados às composições religiosas representam em geral o ou os comanditários da obra: são os retratos de *doadores*. Em alguns casos, são incluídos na cena como os outros personagens: os Medici se fizeram pintar sob o aspecto de reis magos em meados do século XV em Florença. Em outros, eles coabitam com as figuras sagradas sem que se possa confundi-los com elas, pois são mostrados em atitude de oração com os trajes de sua própria época; fazem parte da composição principal ou são dispostos nas abas laterais (às vezes nas faces externas) quando se trata de um tríptico.
Essa era uma maneira de destacar sua devoção e ao mesmo tempo transmitir sua imagem à posteridade. É possível também ver em alguns quadros religiosos o autorretrato do artista, que salienta assim sua relação pessoal com o tema tratado.

Ainda se pintam quadros religiosos atualmente?
Sim, mas muito menos, o que corresponde obviamente à diminuição do papel da religião na sociedade ocidental a partir do século XIX. No entanto, sempre existiram artistas ligados a esse tipo de tema, mesmo que não se consagrassem exclusivamente a ele. Um dos aspectos notáveis da relação entre a pintura e o sagrado deve-se à parte crescente que aí ocupa atualmente a arte abstrata. Muitos pintores contemporâneos concebem obras (pinturas, vitrais, instalações) que lhes são encomendadas para edifícios religiosos. Evitando qualquer

ilustração literal, eles sugerem uma outra forma de abordar o absoluto, indescritível e indizível, por meio das relações da matéria, das cores e, sobretudo, da luz.

Por que não há quadros nas sinagogas e nas mesquitas?

O judaísmo e o islamismo são religiões sem imagens. Eles respeitam escrupulosamente a proibição enunciada no Antigo Testamento pelo segundo dos dez mandamentos: "Não farás ídolos, nem nada que se assemelhe ao que se encontra lá no alto no céu, aqui embaixo na terra ou nas águas debaixo da terra." Esse mandamento era destinado a eliminar *a priori* qualquer risco de idolatria, ou seja, evitar que os homens adorassem as representações pintadas ou esculpidas de Deus tanto quanto o próprio Deus. Essa questão também apareceu, repetidas vezes, na história cristã e ocasionalmente desencadeou violentos confrontos entre dois partidos: a favor das imagens (iconófilos) ou contra as imagens (iconoclastas). Por fim, a Igreja pronunciou-se a favor, reconhecendo seu imenso potencial pedagógico. No entanto, a Reforma protestante, ocorrida no século XVI, também baniu as imagens de seus locais de culto.

Quais textos forneceram os temas dos quadros religiosos?

Os quadros que ilustram temas religiosos não se referem exclusivamente à Bíblia, mas também a duas outras fontes: os *Evangelhos apócrifos* e a *Legenda áurea*. Algumas observações sobre esses três textos – que devem ser imperativamente consultados se desejamos conhecer a multiplicidade de personagens, situações, locais e objetos simbólicos descritos pelos pintores:

• A *Bíblia* cristã compõe-se do *Antigo Testamento* e do *Novo Testamento*. O *Antigo Testamento* refere-se aos temas ligados à Criação do mundo e da humanidade, ao pecado original, à história do povo hebreu, aos Reis (n⁰ 10, n⁰ 14), aos Profetas. O *Novo Testamento* relata a vida de Cristo (os quatro Evangelhos, n⁰ 1), os episódios da vida dos apóstolos (*Atos dos apóstolos*), o Apocalipse.

• Os *Evangelhos apócrifos* não fazem parte dos textos bíblicos, mas a Igreja tolerou que os pintores se inspirassem neles. Esses textos, que remontam aos séculos II, III e IV, forneceram em grande medida a iconografia religiosa para representar os episódios da vida de Cristo e da Virgem que não figuram nos Evangelhos (em geral, de inspiração mais sentimental).

• A *Legenda áurea* é um conjunto de narrativas, entre história e lenda, compiladas e retranscritas por Jacopo de Varazze (entre 1225 e 1230-1298), que foi arcebispo de Gênova. Nela se encontram em particular as diversas histórias dos santos (n⁰ 3) e de seu martírio. O teatro religioso também influiu na pintura fornecendo ideias de encenação, de cenário ou de detalhes anedóticos. O público, familiarizado com as representações que se davam nas ruas, nos adros das igrejas, reconhecia nas pinturas o reflexo desses espetáculos.

Os retratos

O que é um retrato?
É a representação de uma pessoa pintada de modo que essa pessoa seja identificável. Quando o nome do modelo não chegou até nós (sabemos que se tratava, na época, de um indivíduo preciso cujos traços eventualmente eram reconhecidos), o quadro recebe um título genérico, como *Retrato de homem*, *Retrato de moça*... O título pode ser mais preciso se o quadro contém detalhes explícitos: *Retrato de um músico*, *Retrato de um caçador*...

Quem encomenda a pintura de seu próprio retrato?
A partir da Idade Média, os reis e os príncipes, para eles próprios e sua família. Ser representado num quadro significava que se exercia um poder, político ou religioso. No Renascimento, no século XV, as pessoas abastadas, como os banqueiros ou os comerciantes, também encomendaram seus retratos. A partir do século XVII e sobretudo no XIX, tornou-se habitual para os burgueses se fazerem pintar. A única condição era (e ainda é) ter recursos para contratar um retratista.

O pintor escolhe os modelos que vai retratar?
Quando, antigamente, o pintor estava integrado ao serviço de um rei ou de um príncipe, ele não tinha escolha: sua função o obrigava a pintar o que lhe pediam. Afora isso, o pintor é sempre livre para aceitar ou recusar uma encomenda, que os modelos lhe sejam impostos ou não. Em contrapartida, a partir do final do século XIX, os pintores (trabalhando cada vez menos por encomenda) representaram com toda a independência seu *entourage*, seus amigos, as pessoas que lhes interessavam ou que eles admiravam (nº 20, nº 29)...

Por que às vezes as pessoas são pintadas de perfil?
Essa fórmula, corrente na Itália nos séculos XIV e XV, inspirava-se nas medalhas e moedas antigas. Repetindo a pose dos imperadores romanos, o modelo afirmava sua autoridade assim como a nobreza de seu caráter. O perfil destacava a linha essencial de um rosto, sem desviar a atenção do espectador para uma expressão particular. Essa forma de retrato, que salienta a dignidade intemporal de um personagem, existe até hoje.

Por que os rostos são pintados mais de três quartos do que de frente?
Nos mosaicos das igrejas bizantinas, a representação frontal já está reservada à Sagrada Face, isto é, à de Cristo... Ele é assim pintado em cenas como *Cristo benzendo*, *O Juízo Final*... Tal representação do rosto está, antes de tudo, ligada à expressão do poder divino. Desse modo, os raros retratos de frente estabelecem sempre uma relação significativa entre o modelo e a eternidade do mundo celeste. Ao contrário da posição frontal ou de perfil, ambas ligadas a uma noção de

permanência, a posição de três quartos é intermediária: mais adequada para traduzir o aspecto transitório do homem, ela também permite jogar com as nuances de um olhar, dirigido ou não ao espectador. A partir do início do século XV, os pintores holandeses adotaram essa solução que, muito rapidamente, se tornou a norma.

Qual é a diferença entre um retrato de busto e um retrato de meio-corpo?

O retrato de busto mostra o personagem cortado nos ombros. Portanto, nunca vemos suas mãos. Os retratos da Idade Média e do Renascimento, de perfil ou de três quartos, são de busto. A imagem pintada se refere à tradição dos bustos esculpidos da Antiguidade. A partir do século XVI, sobretudo, adota-se o hábito de mostrar o modelo a meio-corpo, isto é, até a cintura. As mãos do personagem constituem então um fator de expressão suplementar: ambas visíveis ou não (por inteiro ou parcialmente), agitadas ou serenas, elas acentuam e nuançam a presença psicológica do modelo (nº 6).

O que é um retrato de corpo inteiro?

O retrato de corpo inteiro mostra o modelo de pé. Os retratos desse gênero se desenvolveram no século XVI. Fórmula aristocrática e até principesca por excelência, esse tipo de imagem acentua o porte imponente do personagem e dá também a oportunidade de valorizar seu vestuário e o cenário no qual ele evolui. A partir do século XIX, fez-se uso corrente dessa composição, que se tornou simplesmente sinônimo de elegância.

O que é um retrato de aparato?

O retrato de aparato, em geral uma pintura oficial, insiste na posição social do personagem e no poder que ele exerce. O extremo luxo dos trajes, a elegância da pose, bem como a majestade do cenário têm um papel predominante, pois mostram a importância do título ou das funções do modelo. Os retratos da realeza e os retratos de corte criam, desse modo, um efeito espetacular. Os retratos equestres constituem uma categoria particular de quadros de aparato que evocam a grandeza dos imperadores romanos inspirando-se em suas estátuas a cavalo. O personagem aí aparece no auge de sua glória, capaz de exercer um domínio político, militar, tanto real como simbólico (nº 8).

O que é um autorretrato?

É o retrato que o pintor faz de si mesmo com o auxílio de um espelho (eventualmente de uma fotografia). A imagem do pintor feita por si mesmo pode constituir um quadro autônomo ou ainda ser integrado a uma composição (nº 22) na qual ele aparece entre outros personagens. Às vezes o artista se representa trabalhando, com o pincel na mão, mas também ocorre de ele não fazer nenhuma alusão a sua atividade.

Como eram feitos os retratos de grupo?

Existem diversos tipos de retratos de grupo: os retratos de família, os retratos dos membros de uma corporação ou de uma confraria, as reuniões de pessoas, amigos ou outros, numa circunstância particular.

Em geral, as pessoas posavam juntas para a composição do quadro e separadamente para os rostos. Em alguns quadros, os modelos nunca posaram ao mesmo tempo, tendo o pintor inventado sua reunião para a ocasião. Uma grande dificuldade dos retratos de grupo era a de animar suficientemente a composição conferindo a importância desejável a cada um dos modelos.

Os retratos são sempre parecidos com os modelos?

A qualidade da semelhança desempenhava um papel determinante na pintura antiga; ela é muito menos importante na arte do século XX. Depois da invenção da fotografia, no século XIX, esse imperativo diminuiu, e a sugestão do caráter passou a prevalecer sobre a precisão dos traços. Na pintura antiga, o pintor tinha também o dever de mostrar o modelo sob seu melhor aspecto, ainda que fosse para aprimorar sua aparência.

O pintor trabalha sempre na presença de seu modelo?

Não, às vezes o modelo era prestigioso ou ocupado demais para aceitar posar por muito tempo. O pintor reduzia a duração da pose ao mínimo. Utilizava, às vezes, para o rosto um outro retrato do mesmo modelo, pintando os acessórios, as roupas, o cenário com o auxílio de manequins ou fazendo seus auxiliares posarem. No século XX, muitos artistas preferiram dispensar a presença do modelo — intimidadora ou constrangedora demais — e trabalharam de memória ou a partir de fotografias, retendo apenas alguns traços marcantes, sentindo-se assim mais livres para dar ao retrato uma interpretação subjetiva (nº 29).

Para que serve um retrato?

O retrato mostra a aparência de alguém num dado momento de sua vida. Antes da fotografia, o retrato era, com exceção da escultura, a única possibilidade de fazê-lo. Ele podia desempenhar um papel documental, informativo: um rei em busca de esposa costumava pedir o retrato de uma princesa ou de uma mulher que ele nunca tinha tido a ocasião de encontrar. A pintura substituía a pessoa ausente... Essa função primordial da pintura já era evocada por uma lenda antiga: uma jovem teria descoberto a arte da pintura (e do retrato) desenhando sobre uma parede a sombra projetada daquele que ela amava, no momento em que ele se despedia...

A fotografia substituiu o retrato pintado?

Em grande parte, sim, graças ao fato de ela ter permitido democratizar as imagens e multiplicar as representações. No entanto, ainda se pintam muitos retratos hoje. Um retrato pintado possui uma qualidade de presença e um valor simbólico talvez muito mais fortes justamente por já não ser o único meio disponível para fixar a realidade... Ele decorre, portanto, de uma escolha estética deliberada, tanto da parte do pintor como do modelo.

Os temas mitológicos e históricos, as alegorias

O que contam os quadros mitológicos?
Eles apresentam os deuses, os heróis e todos os personagens da mitologia greco--romana. As lendas da Antiguidade relatam suas proezas, seus amores, mas também suas mais ferozes contendas. Elas possibilitam aos pintores descrever todos os tipos de comportamento idênticos aos dos humanos, porém elevados ao absoluto: a ternura, o ciúme, a crueldade, a coragem, a vingança (nº 12)...

Por que há muitos nus nos temas mitológicos?
A nudez dos personagens mitológicos está ligada a sua natureza sobre-humana. Eles representam princípios, e não personagens reais e, por isso, não têm a necessidade de proteger seus corpos com vestimentas. Da mesma maneira, sua anatomia perfeita constitui uma referência exemplar. Eles oferecem, de acordo com os modelos fornecidos pela estatuária antiga, a imagem da beleza física perfeita.

Quem posa para as figuras de nu?
Na maioria das vezes, os pintores utilizam o serviço de modelos profissionais, masculinos ou femininos, também presentes nos cursos das escolas de Belas--Artes. Naturalmente, alguns artistas, sobretudo na arte do século XX, pedem para pessoas próximas posarem. No passado, as estátuas antigas foram uma grande fonte de inspiração e serviam de referência para corrigir as eventuais imperfeições do modelo-vivo. A partir de meados do século XIX, os pintores (Manet) ou os escultores (Rodin) mais inovadores empregaram modelos amadores cujo caráter e espontaneidade apreciavam.

Todos os nus são mitológicos?
Não, nem todas as representações de nu pertencem à mitologia. Na pintura religiosa, dessa maneira são pintados Adão e Eva, Cristo na cruz, bem como diferentes mártires, entre os quais são Sebastião. No entanto, a partir do século XV, essas imagens são influenciadas pelas figuras dos deuses mitológicos: a plástica de Cristo, portanto, deve muito à plástica das diferentes estátuas de Apolo... A partir do século XIX, os pintores ousaram pintar nus fora desses temas.

Assim, os temas orientalistas, inspirados em cenas de harém, serviam de pretextos para evocações eróticas. Em 1863, o pintor francês Édouard Manet causou escândalo com o *Déjeuner sur l'herbe* (Musée d'Orsay, Paris) porque havia renunciado a qualquer álibi: uma mulher desnuda, com o vestido e o chapéu perto dela, é mostrada sentada na companhia de dois homens vestidos enquanto outra figura feminina se banha ao longe. Esse é o primeiro quadro de nu "contemporâneo".

Por que se pintaram tantas Vênus?

Como deusa da beleza e do amor, Vênus representa a perfeição do corpo feminino, o que sempre constituiu um desafio para os artistas. Suas múltiplas imagens a mostram, a maioria das vezes, no momento de seu nascimento, ou seja, saindo das águas (nº 4), ou então deitada e, às vezes, adormecida. Os pintores, então, trabalharam em diversas posições expressando uma volúpia mais ou menos acentuada que provava ao mesmo tempo seu domínio da anatomia.

Por que se pintaram temas mitológicos?

Primeiramente, os temas mitológicos deram aos pintores a oportunidade de representar o nu, pouco compatível com a maioria dos temas sagrados. Foi na Itália do século XV, na época do Renascimento, que eles se difundiram. A observação da escultura greco-romana, bem como o estudo da anatomia e o conhecimento dos textos antigos que descrevem obras desaparecidas, estimulou a elaboração de tais imagens. Livre dos âmbitos exclusivos da religião e do retrato, a pintura desde então ampliou consideravelmente seu repertório. Os personagens mitológicos, além disso, foram utilizados para simbolizar as qualidades de alguns modelos cujo caráter excepcional era preciso destacar. A relação estabelecida em várias obras do século XVII entre o rei da França Luís XIV, apelidado de Rei Sol, e Apolo (deus do Sol) é um exemplo disso.

Em quais textos os pintores se inspiraram para os temas mitológicos?

As múltiplas fontes pertencem tanto à tradição grega como à romana... São elas, entre outras, *Ilíada* e *Odisseia* de Homero (século IX ou VIII a.C.), *Os trabalhos e os dias* e *Teogonia* de Hesíodo (século VIII a.C.), para os gregos; e *Eneida*, as *Bucólicas*, as *Geórgicas* de Virgílio (71-19 a.C.), *Metamorfoses* de Ovídio (43 a.C.-17 d.C.), para os romanos.

Muitos quadros intitulam-se "*Alegoria*" de alguma coisa. O que significa essa palavra?

A palavra vem do grego *allêgorein*, que significa "falar por figuras". Em pintura a alegoria permite representar ideias, dando-lhes a forma de personagens e de objetos. Por exemplo: o Tempo é figurado como um velho (o tempo faz envelhecer), alado (o tempo voa), munido de uma foice (ele ceifa as vidas), com uma ampulheta nas mãos (ele corre)... Se ele retira o tecido que dissimula o corpo de uma jovem nua, compreendemos que "o Tempo desvela a Verdade"...

As alegorias foram frequentemente utilizadas para expressar lições morais (os vícios e as virtudes) e as riquezas do saber ou das artes (a geometria, a gramática, a música etc.). Assim, a *Justiça* é representada como uma mulher que segura uma balança, a *Inveja* como uma velha deformada. A *Morte* é figurada por um esqueleto munido de uma foice...

O que os quadros com tema histórico narram?

Os temas históricos se referem seja a um passado remoto, seja à própria época em que vive o pintor. A Antiguidade e a Idade Média alimentaram com abundância a imaginação dos artistas, oferecendo-lhes — segundo o caso e a época — temas mais ou menos heroicos ou emocionantes. Os temas de história contemporânea, que dependiam tradicionalmente de encomendas oficiais, comemoravam uma vitória, uma coroação, um casamento real... Uma grande mudança começou no início do século XIX, quando alguns artistas tomaram a iniciativa de ilustrar momentos da história desprovidos de qualquer glória. A partir desse olhar livremente dirigido para *fait divers* [variedades] (a expressão *faits divers* aparece na França em 1838), a pintura aos poucos se enriqueceu de uma relação com a atualidade política e social alternadamente crítica, provocadora ou desencantada (nº 16).

As paisagens

O que é chamado "paisagem"?

Uma paisagem é antes de tudo uma representação da natureza. Segundo a época, pintaram-se paisagens de todos os tipos, conforme se quisesse dar ao espectador a ideia de um vasto mundo ou insistir em alguns elementos precisos. Uma paisagem descreverá um lugar real ou imaginário, o campo, o mar, sem esquecer as cidades (paisagens urbanas). A paisagem pode ser combinada com todos os outros temas.

Sempre se pintaram paisagens?

A segunda metade do século XIII viu o aparecimento de elementos extraídos da natureza (uma árvore, uma montanha, um jardinzinho) nos quadros. Esses motivos, que não tinham um propósito descritivo, serviam para situar a história ou o personagem representado. Progressivamente, o repertório ampliou-se: atrás das cenas sagradas, verdadeiros *fundos de paisagem* acabaram por ocupar o espaço. No século XVI, a natureza invadiu de tal maneira as composições religiosas que estas passaram a mostrar apenas pequenos personagens evoluindo num vasto cenário (nº 7)... A partir do século XVII, desenvolveu-se a arte da paisagem propriamente dita. Ela já não era cenário de outro tema, mas realmente um tema autônomo. Desde então, os artistas nunca deixaram de pintar paisagens, escolhendo motivos cada vez mais próximos ao cotidiano, principalmente no século XIX.

Uma paisagem representa sempre, como uma fotografia, um local preciso?
No século XV, pintaram-se certos elementos identificáveis de um lugar, de uma região precisa. Mas isso não era nada sistemático. O hábito era, de preferência, combinar elementos diversos, emprestados de diferentes fontes, quando parte não era imaginária. O pintor operava uma triagem na natureza, apresentando por fim uma versão completamente idealizada. As paisagens que descrevem com precisão lugares reais remontam ao século XVII, na Holanda. Elas se generalizam em toda a Europa no século XIX. Assim, numa paisagem impressionista, por exemplo, se reconhecerá a topografia particular de determinada ponte, determinada falésia ou determinada estrada rural...

Por que foram pintadas tantas paisagens?
Independentemente da contemplação das belezas da natureza, esse gênero de quadro tinha várias funções. Era, primeiro, uma maneira de celebrar a Criação divina: cada graminha era o reflexo de Deus, e a paisagem, um percurso simbolizando a marcha do homem durante sua vida terrena (nº 7). Era, igualmente, suscetível de estabelecer uma realidade histórica: assim, a Holanda do século XVII, que acabava de conquistar sua independência política e religiosa, produziu inúmeras paisagens que elaboravam uma espécie de inventário de seu território. Mais tarde, os pintores românticos conceberam a paisagem como um espelho de seus estados de espírito e das relações do homem com o universo. Por fim, a paisagem impressionista reproduziu a imagem da banalidade cotidiana, vivida em suas mais íntimas transformações: raio de sol, ventania, manhã nevada... A natureza oferecia e continua a oferecer ao pintor a matéria de uma meditação, de uma tomada de consciência da história, de um devaneio, de um passeio...

Uma paisagem é pintada no interior ou ao ar livre?
Depois de terem realizado alguns estudos do natural, os pintores antigos trabalhavam no ateliê. Compunham seu quadro a partir de elementos emprestados de lugares diversos, a fim de mostrar diferentes aspectos da natureza. A paisagem era, então, uma espécie de resumo ideal do mundo em que se apresentava uma história. Na segunda metade do século XIX, os artistas começaram a pintar completamente ao ar livre (nº 19), o que passou a ser possível graças à invenção das tintas em tubo, mais facilmente transportáveis... Seus quadros também dão conta da evolução dos costumes: era mais fácil sair de casa, tomavam o trem, iam para beira-mar...
As consequências da pintura ao ar livre para o tema e para a aparência das imagens foram radicais. Os quadros focalizaram a representação de coisas banais (ao contrário dos personagens sagrados ou mitológicos...), aquelas que cada um

pode efetivamente ver em qualquer lugar e a qualquer momento na realidade. Trabalhando a céu aberto, os pintores clarearam sua paleta. Submetidos às mudanças contínuas do tempo, traduziram as percepções passageiras, imprecisas, por meio de uma técnica próxima ao esboço.

As cenas da vida cotidiana, a representação dos objetos

Existem muitos quadros que representam a vida cotidiana?

As cenas da vida cotidiana tornaram-se cada vez mais numerosas a partir do século XVI. Existe todo tipo delas, que encontram inspiração em todas as esferas da sociedade. Essas pinturas não pressupunham nenhuma cultura livresca do artista nem do público já que não tratavam de "temas nobres", isto é, tirados da Bíblia ou da história antiga. Por isso, foram por muito tempo consideradas menores. Como, no entanto, encontravam comprador com mais facilidade do que temas com significados complexos, elas representaram paradoxalmente uma parte importante da produção geral de quadros (nº 15).

Foi só no século XIX que foi cunhado o termo *cena de gênero*.

Como se chama uma pintura que representa objetos?

O nome desse gênero de quadro varia de acordo com o país. Na França, fala-se de *natureza-morta*, desde meados do século XVIII, para designar todos os motivos inanimados: animal de caça, troféu de caça ou de pesca, mas também flores, frutas ou qualquer outro objeto. Os anglo-saxões, com a expressão *still-life*, assim como os alemães com *Stilleben*, escolheram qualificar a "natureza-morta" de "vida tranquila". Como as paisagens, as naturezas-mortas constituíram temas autônomos a partir do século XVII (nº 13). Já estavam presentes também nas pinturas anteriores, mas unicamente como elementos de composições das quais nunca eram o tema principal.

Uma natureza-morta mostra de preferência objetos luxuosos?

Não, em muitos casos as naturezas-mortas se ocupam com objetos modestos, até mesmo rústicos, escolhidos pela beleza de sua forma, textura, matéria e/ou suas cores... Frequentemente triviais, testemunhas dos mais simples atos e gestos do cotidiano, os objetos representados sugerem uma relação estreita, por vezes afetiva, com seus proprietários que, por sua vez, estão ausentes da pintura.

Algumas naturezas-mortas são chamadas "vanitas". O que significa essa palavra?

Vanitas é uma palavra latina que significa "vacuidade". Essas naturezas-mortas enfatizam a brevidade da vida terrena e a inanidade de qualquer posse material.

Às vezes, mostram poucos objetos, que insistem sempre na morte (um crânio, por exemplo) e/ou na fuga do tempo (uma ampulheta) ou, ao contrário, num amontoado de coisas destinado a desmoronar cedo ou tarde. Conforme a imagem, elas se apresentam ou com uma grande austeridade ou como o reflexo de um luxo agradável cujos atrativos convidam a desprezar...

Por que algumas naturezas-mortas mostram flores, frutas, legumes etc. que não crescem na mesma estação?
Os pintores trabalhavam a partir de objetos reais, mas completavam suas observações. Eles utilizavam, assim, pranchas de botânica que lhes ofereciam, em qualquer momento do ano, um leque de escolha mais amplo que a própria natureza. Além disso, reunir no seio de um mesmo quadro coisas que, na realidade, só existem em épocas diferentes é um meio de compor uma imagem perfeita, acabada, mais completa que a experiência cotidiana. Com um único buquê ou uma única taça de frutas sugerindo o ciclo das estações, era possível evocar o ano inteiro...

Todas as naturezas-mortas têm um significado simbólico?
Nem todas as naturezas-mortas são de ordem simbólica, ainda que as primeiras tenham sido. Como os outros temas (paisagens, retratos...), apareceram primeiramente nos quadros religiosos. Quando foram pintadas de maneira independente, continuou-se a atribuir aos objetos que as compunham um sentido que ultrapassava sua simples aparência: num quadro do século XVII (nº 13), o cacho de uva é, assim, uma alusão a Cristo (proveniente da uva, o vinho ligado ao sangue vertido durante a Paixão está presente na celebração do sacramento eucarístico). A partir do século XVIII, os objetos — observados agora mais por eles mesmos — afastaram-se aos poucos de sua identificação convencional.
Mesmo que escolham um objeto por suas ressonâncias simbólicas, os pintores já não ilustram obrigatoriamente uma ideia codificada.

O preço de um quadro

Os preços alcançados nos leilões variam em função da raridade da obra e também do período da carreira do pintor ao qual ela pertence. A título de informação, aqui estão alguns exemplos de preços alcançados em leilões recentes.

Pinturas antigas e modernas:
• *Vênus e Adônis*, de Ticiano (1488/1490-1576), 1555: 72,2 milhões de francos (cerca de 11 milhões de euros), em 1991 na Christie's de Londres.
• O *Códice Hammer*, de Leonardo da Vinci (1452-1510), 1506-10: 162 milhões de francos (cerca de 25,3 milhões de euros), em 1994 na Christie's de Nova York.

• *O massacre dos inocentes*, de Rubens (1577-1640), c. 1610: 49,5 milhões de libras esterlinas (cerca de 75,6 milhões de euros), em julho de 2002 na Sotheby's de Londres.

• *Retrato de uma senhora de 62 anos*, de Rembrandt (1606-1669), 1632: 214,5 milhões de francos (cerca de 32,7 milhões de euros), em 2000 na Christie's de Londres.

• *Au Moulin de la Galette*, de Pierre-Auguste Renoir (1841-1919), 1876: 432 milhões de francos (cerca de 65,8 milhões de euros), em 1990 na Sotheby's de Nova York.

• *Lago com ninfeias e trilha à beira d'água*, de Claude Monet (1840-1926), 1900: 200 milhões de francos (cerca de 30,5 milhões de euros), em 1999 na Sotheby's de Londres.

• *Retrato do doutor Gachet*, de Van Gogh (1853-1890), 1890: 458 milhões de francos (cerca de 69,8 milhões de euros), em 1990 na Christie's de Nova York.

Pinturas contemporâneas:

• *Untitled* [*Sem título*], de Jean-Michel Basquiat (1960-1988), 1981: 248 mil dólares (cerca de 248 mil euros), em novembro de 2001 na Christie's de Nova York.

• *IKB 86*, de Yves Klein (1928-1962), 1959: 553.750 libras esterlinas (cerca de 850 mil euros), em fevereiro de 2002 na Christie's de Londres.

• *Man in Blue VII* [*Homem de azul VII*], de Francis Bacon (1909-1992), 1954: 707.750 libras esterlinas (cerca de 1,1 milhão de euros), em fevereiro de 2002 na Christie's de Londres.

• *Portrait of Man with Glasses IV* [*Retrato de homem de óculos IV*], de Francis Bacon (1909-1992), 1963: 894.750 libras esterlinas (cerca de 1,36 milhão de euros), em fevereiro de 2002 na Christie's de Londres.

Por que alguns quadros custam tão caro?

Um quadro tem uma dimensão simbólica importante. Valoriza-se sempre a exceção, quer ela diga respeito ao *savoir-faire* e/ou à abordagem intelectual do pintor. Ela manifesta, em geral pela primeira vez, a realidade de uma relação até então desconhecida com o mundo. A função da pintura não é somente reproduzir mais ou menos bem coisas que já existem; muito pelo contrário, ela faz surgir uma rede de sentidos, de outro modo inconcebível, como ocorreu com as obras de Van Gogh (nº 21), Picasso (nº 25) ou Jean-Michel Basquiat (nº 28).

Esse valor simbólico apoia-se também sobre a unicidade da obra. Paralelamente, o preço de uma obra de arte é submetido às flutuações do mercado, como o de qualquer produto.

As obras de um artista ficam mais caras depois de sua morte, pois a produção é definitivamente interrompida. Diamantes continuarão a ser extraídos nas minas, mas Francis Bacon já não está aqui para pintar outros quadros... Se alguns pintores ganham muito dinheiro, são, todavia, muito mais raros que as estrelas de cinema ou os jogadores de futebol...

4 (página 66)

5 (página 70)

6 (página 74)

10 (página 90)

11 (página 94)

As fichas
de obras

18 (página 122)

19 (página 126)

20 (página 130)

24 (página 146)

25 (página 150)

26 (página 154)

30 (página 170)

Como utilizar as fichas de obras?

As páginas seguintes têm por objetivo guiar o olhar pelos quadros. Elas fornecem "orientações" para melhor olhar uma pintura, sejam quais forem seu tema, seu autor ou sua época. Assim, as imagens serão decifradas, passo a passo, seguindo o percurso de uma curiosidade que se aprofunda em função da idade das crianças e/ou segundo o nível de cada um.

Os papéis não são distribuídos de forma definitiva. As perguntas ou observações são as das crianças ou dos adultos. É sempre possível lê-las todas, selecionar apenas algumas (os parágrafos são independentes uns dos outros) e inspirar-se nelas para inventar outras. O importante é que cada um se permita tomar assim consciência das capacidades de descoberta de seu próprio olhar.

Este livro não tem a finalidade de inventariar as pinturas mais conhecidas. As obras foram escolhidas para oferecer a base para uma melhor compreensão de inúmeras imagens, da Idade Média até os dias de hoje. De grande importância na história da arte, elas estão acessíveis nos museus e, com frequência, reproduzidas em diversos livros.

De 5 a 7 anos

Cinco a sete anos (ou iniciante)
Primeiro e antes de tudo: identificar aquilo que veem em um quadro, o que (até para um adulto) nem sempre é evidente; distinguir os diferentes componentes de uma imagem que teríamos tendência a olhar em sua globalidade.

De 8 a 10 anos

Oito a dez anos (ou médio)
As perguntas, mais elaboradas, permitem avançar na interpretação da pintura. Elas apelam sobretudo à reflexão.

De 11 a 13 anos

Onze a treze anos e mais (ou avançado)
A imagem é relacionada com elementos exteriores. São evocadas as motivações do pintor, assim como a importância histórica da obra.

A Anunciação

Entre 1430 e 1432, têmpera sobre madeira, 194 x 194 cm
Museo Nacional del Prado, Madri, Espanha
Fra Angelico (Guido di Pietro, Fra Giovanni da Fiesole, dito Fra Angelico,
Vicchio di Mugello, c. 1440 – Roma, 1455)

✦ Um anjo inclina-se diante de uma moça.

O anjo Gabriel vem anunciar a Maria que ela em breve terá um bebê. Ele lhe explica que essa criança será o filho de Deus e se chamará Jesus. Ele a saúda com respeito, as mãos cruzadas sobre o peito, e ela, por sua vez, permanecendo sentada, inclina-se fazendo o mesmo gesto. Essa cena é contada no Evangelho de são Lucas (Novo Testamento). É chamada "Anunciação".

✦ Por que Maria não parece surpresa ao ver um anjo diante dela?

Na realidade, só nós enxergamos o anjo. O pintor o mostra para deixar bem claro o que está acontecendo ali. O anjo é invisível para Maria, ela apenas o ouve. É verdade que ela poderia estar surpresa e até amedrontada... Outros artistas a pintaram com tais reações, mas Fra Angelico preferiu insistir em sua calma profunda. Ela escuta atentamente o que o anjo veio lhe dizer e o aceita sem se perturbar.

✦ Quem são os personagens no jardim?

São Adão e Eva. O quadro conta duas histórias, a da Anunciação e a de Adão e Eva expulsos do Paraíso (Antigo Testamento). Eles são punidos por terem desobedecido a Deus ao comer o fruto da árvore do Conhecimento. O anjinho cor-de-rosa, acima da cabeça deles, cuida para que eles partam.

✦ Tanto o anjo como Maria têm uma túnica rosa e cabelos loiros.

Muito próximos um do outro, eles se compreendem perfeitamente; por isso são representados com as mesmas cores. Seus cabelos são tão luminosos quanto o sol e suas roupas são parecidas. Suas faces também são rosadas. Essa é uma cor bastante suave, como a pele do bebê que em breve nascerá.

✦ A capa de Maria é da mesma cor do teto.

Este não é um simples teto, ele se arredonda para cima formando abóbadas azuladas. Salpicadas de estrelinhas douradas, elas simbolizam o céu; por isso se fala de "abóbada celeste". Maria está na terra, mas a luz divina vai a seu encontro e a envolve. As curvas em cima dela parecem continuar seu trajeto no arabesco da capa.

✳ O anjo vai ficar com Maria?

Não, o anjo só vem entregar uma mensagem. Aliás, ele não entra completamente: permanece no limiar da casa, como um visitante que não quer se impor. Suas asas e seu pé direito ultrapassam a coluna: ele está entre dois mundos... O anjo pertence ao céu, aqui só pode estar de passagem. Esse momento dura apenas alguns segundos.

✳ O anjo está com a boca fechada, não vemos que ele está falando.

É porque "tecnicamente" Maria não o ouve com seus ouvidos. Ela o compreende no interior de si mesma. O anjo Gabriel é um mensageiro enviado por Deus: mesmo que tenha saudado Maria com palavras, ele se dirige diretamente a seu espírito.

✳ Por que um raio de sol atravessa o quadro?

Esse raio de luz representa a Palavra de Deus que chega até Maria. Seu trajeto no espaço é como o de um raio *laser*. A imagem mostra o instante em que essa Palavra, que entrou em Maria, torna-se o bebê que crescerá nela. Poderíamos dizer que sua barriga se curva criando uma concavidade para dar lugar à criança.

✳ A cena se passa na casa de Maria?

A história se desenrola onde ela morava, mas o quadro não descreve, de modo algum, sua casa de Nazaré na Palestina. O que ele mostra é uma construção refinada, muito elegante, parecida com os edifícios mais modernos da Itália do século xv, época em que Fra Angelico trabalhava. Ele utiliza essa casa como um cenário de teatro que permite situar uma cena precisando um elemento essencial da narrativa: quando Maria se encontra no interior de sua casa e um anjo entra ali.

✳ Há um outro aposento no fundo.

Ele permite imaginar o restante da casa. Fra Angelico nos mostra que ela é bastante simples, com alguns poucos móveis de madeira ordinária, o banco acariciado pela luz. Ele pintou apenas uma parte do aposento, o resto é invisível para nós. A imagem conta uma história, mas seu objetivo é também sugerir que é impossível compreender tudo. Ela designa um mistério.

✳ Um passarinho branco e preto está empoleirado na barra de ferro.

É uma andorinha. Seu papel no quadro é indicar a estação do ano em que a história se desenrola. Todo ano, essas aves retornam de países quentes onde passaram o inverno. A presença de uma delas prova que a primavera chegou: a cena supostamente se passa no dia 25 de março (nove meses antes do nascimento de Jesus, em 25 de dezembro).

✳ Por que um pássaro branco voa acima do anjo?

É a pomba que representa o Espírito Santo. Ela indica que a mensagem entregue pelo anjo Gabriel é de natureza divina. Enquanto a andorinha indica uma referência precisa no ano, a pomba dá a ideia da eternidade.

✳ Deus se encontra em algum lugar na imagem?

Ele aparece sob dois aspectos diferentes: o rosto ligeiramente voltado para o anjo no medalhão esculpido no meio das duas arcadas, e, no alto do quadro, onde avistamos suas duas mãos num círculo de luz; elas acompanham de longe o mensageiro que fala a Maria.

✳ O que representam os pequenos quadros embaixo?

São outros episódios da vida de Maria, dispostos como uma tira de história em quadrinhos sob o painel principal. O pintor tinha obrigatoriamente de descrever certas cenas: o nascimento e o casamento da Virgem, a Visitação (ela visita sua prima Isabel, grávida de são João Batista), a Adoração dos magos, a Apresentação de Jesus no templo, a Dormição da Virgem (seu traspasse ou sua morte). Essa parte baixa constitui na obra o que se chama *predela*. A moldura que encerra o conjunto do retábulo (quadro de altar) não foi trocada desde que o quadro foi pintado, o que é raro.

✴ **Por que Maria tem um livro no colo?**
Imaginamos que ela acaba de interromper sua leitura. A realidade histórica é bem diferente: provavelmente ela não sabia ler, e, na época em que vivia, os textos não eram escritos em livros mas em grandes rolos.
Esse é um estratagema para lembrar que na Bíblia (Antigo Testamento) o profeta Isaías tinha anunciado o nascimento de uma criança que seria um sinal enviado por Deus. Para os cristãos, trata-se de Jesus. Esse motivo do livro mostra a relação estabelecida entre a antiga profecia e o anúncio à Virgem.

✴ **Qual é a relação entre a Anunciação, de um lado, e Adão e Eva, do outro?**
Os dois episódios não se desenrolam nem ao mesmo tempo nem no mesmo lugar, mas estão ligados por seu significado: Adão e Eva representam a desobediência a Deus e o Pecado Original. Maria, ao contrário, no momento da Anunciação, encarna a submissão à vontade divina. A aproximação dos dois temas destaca o instante em que começa a história de Jesus, que vai remir os pecados do mundo. A pintura, portanto, é construída sobre um duplo movimento: Adão e Eva, bem pequenos à esquerda, preparam-se para sair do quadro, ao passo que o anjo penetra com a luz num belo espaço límpido... O que se perdeu de um lado é oferecido do outro...

✴ **Por que Fra Angelico deu tanta importância à arquitetura?**
A arquitetura simboliza a ideia de construção em geral. Aqui, ela facilita a leitura do quadro, graças a essa dupla arcada em forma de "M": a inicial de Maria. Compreendemos que esta é comparada a um templo; ela é o espaço sagrado no qual crescerá a criança que vai nascer. O quadro chega a nos fazer assistir ao instante preciso em que sua história começa: no piso de mármore misturam-se as cores do céu, da luz e da natureza.
Com a chegada do anjo, esse azul, esse amarelo e esse verde são como que impelidos na direção de Maria por um grande vento... É o símbolo do sopro que vem animar a matéria inerte.

Retrato de Giovanni Arnolfini e de sua esposa

(*O casal Arnolfini*) 1434, óleo sobre madeira, 82 x 60 cm
National Gallery, Londres, Inglaterra
Jan van Eyck (? c. 1390/1400 – Bruges, 1441)

✦ É um casal.

Giovanni e Giovanna Arnolfini fitam-se de mãos dadas. Ambos italianos, vivem em Flandres, longe de seu país. Foi lá, em Bruges, que mandaram fazer esse retrato.

✦ Eles têm um cachorrinho.

O cachorrinho está entre eles, aos pés deles, como se posasse para o pintor. Ele é tão calmo quanto seus donos. Está virado para o lado da mulher, talvez ele tenha o hábito de ficar perto dela...

✦ A mulher está esperando bebê?

Provavelmente não. O pintor deve tê-la representado com uma barriga bem rechonchuda porque naquela época, há mais de quinhentos anos, isso estava em moda: a ponto de as mulheres às vezes usarem uma pequena almofada por baixo de suas roupas.

✦ Eles usam trajes de inverno.

Essas vestimentas de veludo forradas com pele — as peliças — provam que eles são ricos. Em geral, fazia frio dentro das casas, principalmente onde eles moravam, nos Países Baixos. O homem está com o chapéu na cabeça, o que indica que ele acaba de chegar ou que vai sair.

✦ Em que aposento eles estão?

Ainda que vejamos uma grande cama vermelha de baldaquino, à direita do quadro, isso não quer dizer que se trata de um quarto de dormir. Nas casas elegantes, os móveis desse tipo (que lembravam as camas dos reis) serviam para decorar o aposento mais bonito: ninguém dormia nela. Os Arnolfini devem, portanto, estar no local onde costumam receber seus convidados.

✦ Há calçados no chão.

Os tamancos que estão na parte de baixo, no canto da imagem, são grandes o bastante para pertencer ao sr. Arnolfini. Eram usados por cima dos sapatos para evitar sujá-los: naquela época, não havia calçadas e as ruas às vezes eram cheias de lama e de lixo. Giovanni teria deixado os tamancos ali, perto da porta. Os sapatos vermelhos, ao fundo, são as pequenas chinelas leves que Giovanna usa em casa.

✦ Foram colocadas frutas perto da janela.

Elas trazem um pouco de cor quente a uma parte escura do quadro. Essas laranjas, que vinham da Espanha, eram na época muito caras. Ácidas demais para serem comidas, serviam para perfumar a casa. É possível que a maçã, no rebordo da janela, lembre o jardim do Paraíso (ela representa o fruto da árvore do conhecimento do bem e do mal).

Um espelho está pendurado na parede do fundo.

É um espelho convexo, fabricado a partir de uma bola de vidro soprado. A parte refletora era obtida por adição de chumbo. Esse tipo de espelho abaulado reflete o que está na frente dele, mas também o que se encontra nos lados; é por isso que avistamos a janela. Nele também vemos o casal Arnolfini de costas. E, na frente do par, distinguimos dois personagens: um de azul, o outro de vermelho. Parece ser o pintor, acompanhado de um amigo ou de um assistente.

O que está escrito acima do espelho?

O pintor assinou e datou o quadro como se escrevesse diretamente na parede, com grandes letras ornadas. Segundo o uso, ele escreveu em latim, pois essa era a língua erudita: "Johannes de eyck fuit hic. 1434", o que significa: "Jan van Eyck esteve aqui. 1434." Em geral, inscrevia-se "fecit" ou "pinxit" ("fez" ou "pintou"), mas aqui o pintor insistiu mais na importância de sua própria presença do que na realização material do quadro.

O que se vê ao lado do espelho?

Um rosário. Os mais comuns são de madeira, mas este é precioso, é de cristal. Servia provavelmente para lembrar à mulher que não negligenciasse suas orações, sobretudo no momento em que ela se contemplava no espelho. Com o mesmo fim, os dez pequenos medalhões de esmalte que decoram a moldura desse espelho descrevem os episódios da Paixão de Jesus Cristo: assim, era impossível que ela esquecesse seus deveres de cristã para se dedicar ao coquetismo...

Se está de dia, por que há uma vela acesa no lustre?

Não se sabe ao certo. No entanto, a chama da vela costuma representar a luz espiritual: nesse sentido, ela não seria inútil na luz do dia. Muito pelo contrário, trata-se de simbolizar a complementaridade de duas luzes, a da natureza e a da alma.

Por que Giovanni Arnolfini está com a mão direita levantada?

Esse é um gesto que temos dificuldade em compreender. Alguns historiadores pensaram que ele estava prestando juramento, dizendo "Eu juro" por ocasião de seu noivado ou de seu casamento com Giovanna. Com efeito, na época era tolerado que se celebrasse tal cerimônia em casa, na ausência de qualquer autoridade oficial... Outros estudos levam a pensar que o quadro os mostra na casa dele, logo depois do casamento: ele estaria acolhendo sua mulher desejando-lhe as boas-vindas...

Por que eles não estão sorrindo?

Deve tratar-se de um momento especial na vida deles, do qual eles queriam guardar uma lembrança. Van Eyck os representa de um modo solene para insistir nessa circunstância que nos permanece desconhecida. O retrato mostra-os como pessoas sérias, conscientes de sua importância: a rigidez da expressão permite também que o pintor os descreva com mais precisão.

✳ Quem eram os Arnolfini?

Giovanni era um rico comerciante de tecidos que realizava importantes negócios com a corte do duque de Borgonha. Sabe-se, por exemplo, que onze anos antes da data deste quadro ele vendera a Filipe o Bom um conjunto de tapeçarias destinadas ao papa. Ele desfrutou de uma posição cada vez mais eminente, vendo-se mesmo alçado à dignidade de camarista. Giovanna também pertencia a uma grande família de comerciantes de tecidos e peles. A posição social e os recursos financeiros do casal explicam por que eles puderam contratar para seu retrato Jan van Eyck, o pintor pessoal do duque de Borgonha.

✳ Outras pessoas se fizeram pintar dessa maneira?

Não, este é um quadro único em seu gênero. Ter seu retrato pintado de pé, isto é, para ser visto de corpo inteiro, era absolutamente novo. Mais tarde, tornou-se corrente, mas não antes do começo do século XVI, ou seja, mais de setenta anos depois. E essa fórmula ficou por muito tempo reservada aos personagens da realeza ou provenientes da aristocracia...

✳ É verdade que Van Eyck inventou a tinta a óleo?

Não, a tinta a óleo já existia muitos séculos antes dele. Mas ele a aperfeiçoou enormemente tirando proveito da evolução técnica de sua época: o óleo que se fabricava então secava mais rápido que as tintas de antes. Van Eyck soube aperfeiçoar um procedimento que consistia em superpor finíssimas camadas de tinta translúcida, o que lhe possibilitou todas as nuances de cor e de iluminação. Nas zonas mais claras, a luz exterior ao quadro atinge o fundo branco pela transparência (como o acréscimo do branco a uma cor já não era necessário para clareá-la, a intensidade desta permanecia intacta). Nas partes escuras, as cores são mais opacas. Essa tinta bastante fluida facilitava uma incrível fineza de detalhes. O resultado é tão liso e brilhante quanto o esmalte.

✳ É verdade que não se sabe exatamente o tema deste quadro?

Sim. Muitas hipóteses foram examinadas, livros inteiros foram escritos sobre este quadro, e, no entanto, muitas perguntas ainda continuam sem resposta: Em que ocasião este retrato que não parece com nenhum outro foi pintado? Por que o homem está com a mão levantada? O cachorrinho é apenas um animal de estimação, o símbolo da fidelidade ou ambos ao mesmo tempo? Por que o pintor assinou de uma maneira tão espetacular e tão incomum? Quem são realmente os modelos deste retrato? Com esta pintura, Van Eyck criou um dos quadros mais enigmáticos que se conhece.

São Jorge e o dragão

C. 1455-60, óleo sobre tela, 56,5 x 74 cm
National Gallery, Londres, Inglaterra
Paolo Uccello (Paolo di Dono, dito Uccello, Florença, 1397 – *idem*, 1475)

3

+ O que está acontecendo neste quadro?

É a história de um cavaleiro que combate um dragão. O sangue da fera escorreu para o chão. A moça que os observa é com certeza uma rainha ou uma princesa, pois ela usa uma pequena coroa sobre a cabeça.

+ Quem é a moça?

A prisioneira do dragão. É ela que o cavaleiro veio libertar: a moça está encurralada na beirada do quadro. Ela tem tão pouco espaço que está completamente plana. O único outro lugar na imagem onde ela poderia se refugiar é a caverna, mas sem dúvida ela não tem vontade de ir lá... É escuro demais...

+ De onde vem o dragão?

Com certeza saiu da caverna: bem atrás dele deve ser a entrada de seu covil. Talvez ele seja imenso, cheio de outras terríveis criaturas...

+ Mas dragões não existem!

Não mesmo, são animais imaginários. Um animal selvagem real já é bem assustador. O dragão é pior porque combina todos os aspectos temíveis dos outros animais: uma boca enorme com grandes dentes e patas com garras, como um leão ou um urso, asas como um morcego gigantesco, uma cauda enrolada como uma serpente, uma pele verde como a dos crocodilos. Ele até cospe fogo...

+ Por que a princesa não está com medo?

O cavaleiro chegou para salvá-la e ela tem confiança nele. Agora, não há mais nada a temer. Ela espera pacientemente que o combate termine. Aliás, ela já segura o dragão por uma coleira, como um cãozinho.

+ O cavaleiro vai ganhar?

É claro. Aparentemente, ele já machucou bastante o dragão. Além disso, a cor branca de seu cavalo — o branco dá maior luminosidade — anuncia sua vitória: ele saberá combater as sombras da caverna. Atrás dele, há um turbilhão no céu, um pouco como se ele comandasse sozinho todo um exército de nuvens.

✳ Como termina a história?

Ela não termina de fato. O dragão está ferido, mas, cuidado, ele não morrerá, pois isso significaria que deixaria de existir mal sobre a terra, o que é impossível. Podemos resistir a ele, desviar, fugir dele e até rechaçá-lo, mas não conseguimos suprimi-lo para sempre. A vitória sobre o mal nunca é definitiva. O cavaleiro sabe muito bem disso: é são Jorge, enviado pelo próprio Deus para repelir as forças más.

✸ **São Jorge só golpeia o dragão uma única vez.**
O momento representado é aquele em que ele desfecha o golpe decisivo. São Jorge não pode hesitar: como soldado celeste, ele não conhece a dúvida, sabe exatamente o que deve fazer e como fazer. Ele cumpre sua missão com perfeição.

✸ **A cena não parece real.**
O pintor não estava pintando a realidade; o que ele queria era contar uma linda fábula. Por isso que seu quadro dá a impressão de um espetáculo, apresentado com um belo guarda-roupa da Idade Média; são Jorge não tem nada de um verdadeiro guerreiro em pleno combate, ele é um nobre cavaleiro, todo bonito e limpo. Quanto à princesa, aparentemente ela não se assusta com nada.

✸ **A caverna é estranha.**
Ela se assemelha às grutas artificiais construídas para os animais nos zoológicos (para os ursos, os macacos). Aqui diríamos que ela é feita de papelão ou de papel machê. Se naquela época pintavam-se as cavernas ou as montanhas dessa maneira, é porque se usavam como modelo os cenários das festas, dos espetáculos de rua, por vezes apresentados nos adros das igrejas. As pessoas reconheciam-nos nos quadros. Isso estabelecia uma ligação entre a vida cotidiana e o mundo das imagens pintadas.

✸ **O pintor não mostrou de fato os sentimentos dos personagens.**
Seus sentimentos não são o tema do quadro. É verdade que o cavaleiro não parece particularmente satisfeito com sua vitória, que a princesa não demonstra nem temor nem alívio. Ela não expressa nenhum reconhecimento para com são Jorge: é porque não se trata de pessoas comuns enredadas subitamente numa aventura. Cada um deles encarna um princípio geral: o cavaleiro representa o Bem; o dragão, o Mal. O Bem e o Mal disputam incessantemente as almas humanas, das quais a princesa é aqui a forma visível.

✸ **O dragão está todo retorcido.**
Ele se opõe à princesa: é uma forma que explode e se lança para todos os lados. Sua silhueta é recortada, irregular como as facetas pontudas de sua caverna. Ele está repleto de contradições, é ao mesmo tempo serpente, tigre e crocodilo: não se pode confiar em nenhuma de suas aparências. Os círculos em suas asas são vermelhos e azuis no exterior — do lado da princesa — e brancos e azuis no interior — do lado do cavaleiro —, como alvos que mudam de cor conforme o inimigo. Atenção: a simbólica negativa do dragão só vale para a tradição ocidental.

✸ **As formas que compõem são Jorge são arredondadas.**
O cavaleiro e sua montaria são uma coisa só. E a natureza por sua vez se confunde com ele, a tal ponto que as nuvens se espiralam por cima dele. Por pouco ouviría-

mos o trovão. Uccello articulou seu personagem por meio de uma série de curvas que sugerem sua concentração: o pescoço do cavalo, a cauda, as peças da armadura e obviamente aquelas espécies de flocos no céu. Ele construiu uma mecânica harmoniosa jogando com engrenagens. O movimento de são Jorge é de uma eficácia absoluta, tão infalível quanto o dos planetas.

✳ Está de dia, no entanto vemos a lua...

O quadro inteiro se baseia na ideia de oposição e de contraste. O único assunto é combate, um combate que envolve forças absolutas. Ele se desenrola ao mesmo tempo de dia e de noite: o céu está azul, mas acima do cavaleiro aparece uma pequena lua crescente. A natureza escapa às leis habituais: a grama cresceu por placas, sem recobrir completamente a pedra. A terra fecunda avizinha-se da terra estéril, seus limites são claros: aqui, as folhas e as flores; lá, a secura do solo: à esquerda, o peso dos rochedos; à direita, a poderosa revoada das nuvens que espiralam...

✳ Uccello inventou esse tema?

Não, a história de são Jorge e da princesa de Trebizonda foi tratada por inúmeros pintores. Ele é tirada da *Legenda áurea*, escrita por Jacopo de Varazze no século XIII, ele próprio inspirando-se em narrativas muito mais antigas. Ucello, aliás, pintou esse tema duas vezes (o outro quadro, com o dragão de pé sobre suas patas traseiras, está no museu Jacquemart-André em Paris).

Imagens como essa não visavam unicamente agradar; sua função era lembrar as pessoas que deviam e podiam lutar contra o Demônio se quisessem salvar sua alma.

O nascimento de Vênus

C. 1485, têmpera sobre tela, 184,5 x 285,5 cm
Galleria degli Uffizi, Florença, Itália
Botticelli (Sandro di Mariano Filipepi, dito Botticelli, Florença, 1445 – *idem*, 1510)

+ Ela está completamente nua!

É claro, ela acaba de nascer. A moça ao lado dela vai ajudá-la a se vestir. Esse nascimento não é como os outros: é o de uma deusa que se chama Vênus. A lenda conta que, quando ela nasceu, já era uma adulta.

+ Onde estão seus pais?

Estão presentes, mas não em forma de personagens. Conta-se que os pais de Vênus foram o mar e o céu. Ora, ela acaba de sair do mar e o vento agita a superfície da água criando pequenas ondas orladas de uma fina espuma. Por isso, Vênus é às vezes chamada *A mulher nascida das águas*.

+ Por que Vênus está numa concha?

Se ela estivesse nadando não a veríamos bem. O pintor também não deve dar a impressão de que ela faz esforços, o que não seria adequado para uma deusa. Então, ele lhe atribuiu uma espécie de barca, também ela proveniente da natureza. Essa concha é um belo objeto, de formas delicadas e cores muito suaves. Ela convém perfeitamente a Vênus, deusa da beleza e do amor.

+ Quem é a jovem que lhe traz uma capa?

Sem dúvida, é uma das três Graças, as companheiras habituais da deusa. Numerosas flores enfeitam seu vestido e se espalham em volta dela porque Vênus nasce na primavera. Ela corre com leveza, na ponta dos pés, para não perder a chegada da deusa. Ela já está com a mão erguida para colocar a capa sobre seus ombros.

+ Os dois outros personagens são anjos?

Não, pois o tema deste quadro não é religioso. Eles têm asas como os anjos porque vivem no ar: são ventos. O homem se chama Zefir e a mulher, Aura. Eles sopram delicadamente sobre a deusa para impulsioná-la até a praia. O pintor materializou o ar que sai de suas bocas por meio de um pouco de branco. Zefir se esforça muito mais, ou tem mais força... Ele faz com que os cabelos de Vênus e a grande capa rosa que a Graça segura voem.

✳ Que tipos de flor existem no quadro?

Há rosas esvoaçando ao redor de Vênus: ela traz sempre essas flores consigo, pois elas representam o amor e a beleza. Um arbusto de rosas, ao que parece, teria brotado do solo no momento em que a deusa colocou o pé na terra pela primeira vez. É primavera, portanto há também centáureas. No vestido da Graça, o mirto — que fica sempre verde, até mesmo no inverno — evoca a imortalidade.

✳ Por que as cores da pele dos ventos são diferentes?

Para sugerir dois ventos de poderes diferentes, foram pintados um homem e uma mulher. Segundo a tradição, as figuras masculinas são representadas com uma pele mais opaca, mais escura, como que bronzeada pelo sol. As figuras femininas, ao contrário, têm uma pele bem clara, como se estivessem sempre protegidas da luz, para parecerem mais doces, delicadas e frágeis...

✱ **Por que essa concha (a vieira) é chamada "concha de são Tiago"?**
Na Idade Média, uma das peregrinações mais importantes tinha como meta o santuário de Santiago de Compostela, na Espanha: segundo a lenda, são Tiago Maior (morto em Jerusalém em 44) estava enterrado ali. Os peregrinos, que para lá rumavam à custa de longas semanas de caminhada, tinham o costume de recolher uma concha à beira da praia... Mais tarde, elas foram fabricadas em chumbo, bastava comprá-las. Ao trazer essa lembrança para casa, eles davam também a prova de que não tinham renunciado no caminho... Daí o nome de "concha de são Tiago".

✱ **Vênus tem um rosto sonhador.**
Ela está pensativa. Não olha nada, seu espírito está em outro lugar, um pouco como o de um viajante que se lembra do lugar que deixou para trás, lá longe. Esse ar sonhador é um indício que o pintor nos fornece: não basta constatar a beleza da deusa, também é preciso compreender que essa beleza vem de um mundo diferente, desconhecido e inacessível, onde tudo certamente é perfeito, como ela.

✱ **As ondas não têm muita semelhança com as reais.**
A paisagem não é o tema principal do quadro. Por isso, o pintor se contentou em indicar o mar, sem tentar reproduzi-lo em detalhes. As pequenas ondas estão como que escritas na superfície da água: elas não imitam a natureza, mas sugerem seu movimento. Botticelli, aliás, era tão indiferente à verossimilhança que aí pintou juncos que só crescem à beira dos lagos...

✱ **Por que a deusa se apoia numa perna só?**
Essa posição chama-se *contrapposto* (a palavra é italiana, mas é utilizada em todas as línguas). É a postura de muitas estátuas antigas, e a pintura diversas vezes se inspirou nela. Ela dá uma silhueta graciosa e sedutora, muito mais elegante que se o personagem ficasse duro, postado sobre suas duas pernas. Hoje ainda, e pelas mesmas razões, as *top models*, nos desfiles ou nas fotos publicitárias, continuam a adotar essa pose requebrante...

✱ **Vênus dissimula parte de seu corpo com as mãos e os cabelos.**
Reza a tradição que ela esteja conveniente. Seu gesto é calcado sobre o de uma estátua antiga que se chama *Venus pudica* (em latim, *pudica* significa casta, virtuosa, modesta). Não há muita diferença em relação ao que um minúsculo biquíni esconderia. O movimento dos braços que produz uma leve animação na personagem permite ao pintor dar às mãos uma posição verossímil, o que não é tão fácil (é também por isso que às vezes Vênus é representada levantando os cabelos molhados)...

✴ **Por que quase não há sombra neste quadro?**

Tudo foi pintado nas cores claras e suaves, para melhor exprimir a beleza extraordinária da aparição. A tonalidade do corpo de Vênus leva a pensar no nácar, em pérolas... Ela é radiante. A imagem mostra o mundo transformado por essa luz. A parte direita é um pouco escura, com as laranjeiras, mas tudo deixa pressagiar que Vênus vai expulsar a obscuridade...

✴ **Vênus é sempre representada nua?**

Ela está quase sempre nua porque possui uma dimensão sobrenatural. Nada do que faz os humanos sofrerem pode atingi-la, nem o frio, nem as feridas... Como deusa da beleza, ele deve poder mostrar proporções perfeitas. Para um pintor, assim como para um escultor, saber representar a anatomia era indispensável. Além disso, na época de Botticelli, considerava-se que o Belo, o Bem e a Verdade eram inseparáveis. A imagem de Vênus traduz a um só tempo a beleza do corpo e a do espírito.

✴ **Os personagens parecem estar "colados" na paisagem.**

É o efeito provocado pelos contornos bastante acentuados dos personagens: podemos seguir a linha escura que delimita cada figura e parece recortá-la. O corpo rigorosamente circunscrito aparece, assim, como uma prisão para o espírito: ele o encerra literalmente durante a vida. Essa concepção predominava em Florença no século xv, e se devia aos filósofos neoplatônicos, próximos da família dos Medici, que empregava Botticelli. O pintor, então, tinha muitas ocasiões de encontrá-los, e sua pintura é profundamente impregnada das ideias deles. A melancolia de Vênus encontra aí uma explicação: é exclusivamente por meio do olhar que seu espírito pode escapar do corpo que o retém...

✴ **Este quadro é muito famoso?**

Sim, chega a ser uma das obras mais famosas da história da pintura: ele glorifica uma noção fundamental, o aparecimento da Beleza na terra. Além do tema específico, essa homenagem à graça é representada por meio de formas tão simples que temos a impressão de que tudo é fácil. Elas fluem como uma melodia. Anteriormente, o único corpo feminino mostrado pelos artistas era o de Fva, tentada pela serpente ou expulsa do Paraíso por ter desobedecido a Deus. Sua nudez era associada à vergonha de ser uma criatura fraca. Aqui, e pela primeira vez, é o contrário. Vênus é luminosa, a imagem plena de alegria: graças a Botticelli, a harmonia do corpo e do espírito é considerada uma realidade.

As tentações de santo Antônio

C. 1505-06, tríptico, óleo sobre madeira, compartimento central 131,5 x 106 cm
Museu Nacional de Arte Antiga, Lisboa, Portugal
Hieronymus Bosch (Hertogenbosch, 1453 ? – *idem*, 1516)

✦ Tem gente por toda parte!

É aí que está o problema. O quadro mostra o que acontece a um homem que foi para o deserto para ficar só e, em vez disso, se vê invadido por todos os lados e já não sabe em que direção se virar para ter paz.

✦ O que este quadro conta?

Conta um episódio da história de santo Antônio o Grande, que vivia no século IV no Egito (251?-356). Ele tinha decidido se afastar do mundo, privar-se de tudo para rezar continuamente. Mas seu espírito estava perturbado, uma profusão de pensamentos o impedia de se concentrar. Não cessavam de atormentá-lo. O pintor representou esses pensamentos como pequenos personagens: são eles que vemos por toda a parte.

✦ Onde está santo Antônio?

Ele é mostrado uma vez em cada um dos três painéis que compõem esta obra. Na imagem principal, ele aparece pequenininho, exatamente no meio. Está ajoelhado, vestido de azul com um capuz. Seu rosto voltado para o espectador talvez esteja tentando não ver todas as horríveis criaturas que o cercam.

✦ O quadro está cheio de monstros.

Ele está fervilhando de monstros para fazer o espectador compreender o que se passa no espírito do pobre santo Antônio. Há monstros de todas as formas, na água, na terra, no ar e até nas chamas, ao longe. É impossível fugir: eles caminham, arrastam-se, voam, nadam, cospem fogo...

✦ Há muito vermelho na imagem.

O vermelho dá movimento. O pintor o distribuiu em diversos lugares, para que os olhos não possam descansar: à esquerda, o enorme morango de onde saem personagens; no meio, embaixo, um barco com uma cabeça de peixe e uma capa. À direita vemos chegar uma espécie de rato coberto com um pano escarlate... Graças a todo esse vermelho, sentimos que faz calor no quadro. Santo Antônio talvez esteja com febre, ele delira... Ao fundo, é um povoado inteiro que desaparece nas chamas.

✶ Por que o quadro é composto de três pedaços?

Esse tipo de quadro é chamado *tríptico*. O painel central é duas vezes maior que os dois outros, que são abas que podem se fechar, o que deixará as três imagens ocultas. Conforme o momento, o tríptico era aberto ou fechado, como um armário. Fechado, a pintura estava protegida. Além disso, como ela não estava constantemente à vista, havia sempre um pouco de surpresa cada vez que a olhavam.

✷ Todos os personagens são estranhos.

Eles são aterradores porque não sabemos exatamente o que são. Dar-lhes um nome, inseri-los em alguma categoria é impossível. Na frente de santo Antônio, uma cabeça de homem está ligada diretamente às pernas; atrás, alguém com um focinho de porco... Cada um é composto de elementos que não combinam entre si. É como se o pintor tivesse juntado peças soltas desordenadamente para criar seus personagens. E o mais horrível é que, apesar de tudo, esses pedaços destoantes vivem.

✷ A paisagem, ao fundo e à direita, é o único lugar calmo.

Ao longe, tudo parece sereno: quando essa terrível provação tiver passado, o mundo de santo Antônio, ou seja, seu espírito, encontrará enfim a tranquilidade. Compreendemos que ele vai superar seus "demônios", já que está vestido com esse verde azulado tão particular, também visível no horizonte. Mesmo que tudo lhe constitua obstáculo, é exatamente para aquela direção que ele está virado. Uma linha reta poderia ser traçada ligando-o diretamente ao horizonte (e passando pela pequena capela onde Cristo designa um crucifixo). Essa paisagem ainda não está acessível, mas santo Antônio acabará por alcançá-la...

✷ Por que é tão difícil encontrar santo Antônio na imagem?

Antes de tudo, o quadro descreve o caos que reina na cabeça do santo. Só depois descobrimos o próprio personagem. Dessa maneira, o pintor expressa o objetivo perseguido pelos demônios: eles querem ocupar tudo, chegam quase a tornar santo Antônio invisível. Por mais um pouco, conseguiriam convencê-lo, e a nós também, de que não existe nada no mundo além deles... O quadro é uma espécie de armadilha a ser desmontada, uma caça ao tesouro. E o "tesouro", obviamente, é santo Antônio.

✷ Nossos olhos são atraídos para todos os lados.

Hyeronimus Bosch fez tudo para que a imagem não fosse facilmente decifrável. É impossível olhá-la seguindo a lógica de uma narrativa: começamos por um personagem, encadeamos em outro, depois num terceiro e, logo, ficamos atordoados e atrapalhados; esquecemos de onde viemos... O quadro impossibilita uma continuidade das ideias. Ele nos mostra, ao contrário, que o mundo nos desvia do caminho incessantemente e que é preciso uma vontade férrea para nos manter na rota, como faz santo Antônio.

✷ Os quadros de Hyeronimus Bosch são os únicos em que se veem demônios?

Não, era costume pintá-los quando se representava o Inferno, mas os de Hyeronimus Bosch são os mais variados, os mais complicados, os mais surpreendentes e muitas vezes os mais engraçados que jamais se viu. Ademais, é admirável que seus diabos, em vez de ocupar o Inferno, ou seja, o Além, estejam mesclados com a vida terrena. Isso não é uma simples fantasia da parte do pintor. Traduz uma noção bastante presente na mentalidade do século XVI, a da ascendência permanente do Mal sobre o mundo. Nessa condição, o modo como os demônios ocupam os quatro elementos (fogo, ar, água, terra) nos quatro cantos do quadro é significativo.

✳ **As pessoas não ficavam chocadas com quadros assim?**
Hyeronimus Bosch pintou para igrejas; era bastante piedoso e extremamente respeitado por seus concidadãos. No entanto, é possível que suas "diabruras", destinadas a apreciadores de arte esclarecidos, tenham sido vistas em sua época por muito pouca gente. Uma vez que seus recursos pessoais lhe haviam permitido certa independência em relação às encomendas, Bosch escolhia os temas que lhe agradavam... Assim sendo, algum tempo depois, seu maior colecionador foi o rei Filipe II da Espanha (1527-98), um católico fanático: qualquer que tenha sido a extravagância desses quadros, sabia-se muito bem reconhecer ali as "tentações" infernais que eles incitavam a evitar. Tais imagens constituíam, antes de tudo, uma advertência moral.

✳ **Hyeronimus Bosch é representativo de sua época?**
Com certeza, ele criou imagens insólitas, mas que se inscreviam perfeitamente nas ideias de sua época. Seus quadros traduzem a consciência aguda dos tumultos do início do século XVI: o fim do mundo já havia sido predito para o ano 1500, a Igreja estava mergulhada numa crise profunda que levaria à Reforma protestante, a sociedade encontrava-se desorientada, desmantelada. De mais a mais, suas obras supunham sempre uma reflexão referente essencialmente ao pensamento cristão, o pensamento dominante de sua época.

✳ **Podemos dizer que Hyeronimus Bosch pintou quadros "surrealistas"?**
Não, pois o surrealismo só nasceu depois da Primeira Guerra Mundial. Mas é evidente que os quadros de Bosch foram uma fonte de inspiração para os artistas do século XX que dele emprestaram motivos e mecanismos (inverter conteúdo e continente, operar aproximações incongruentes, substituir o duro pelo mole, o sólido pelo líquido etc.). Se as relações formais entre a arte de Bosch e a arte moderna foram então frequentes, isso não significa que ele tenha se mostrado "surrealista" antes do tempo; os surrealistas — utilizando alguns de seus achados para traduzir uma outra ideia — é que lhe são devedores.

Mona Lisa ou *A Gioconda*

C. 1503-06, óleo sobre madeira, 77 x 53 cm
Musée du Louvre, Paris, França
Leonardo da Vinci (Leonardo di ser Piero da Vinci, perto de Florença, 1452 – Amboise, 1519)

✦ Quem é esta mulher?

Ela vivia há quinhentos anos na Itália. Seu nome é Lisa, mas era chamada de Mona Lisa, isto é, "sra. Lisa". Também é conhecida como "A Gioconda", pois seu sobrenome em italiano era "del Giocondo".

✦ Quem a pintou?

Foi Leonardo da Vinci que pintou seu retrato. Ele já era bastante conhecido naquela ocasião. O pintor morava na mesma cidade que ela, em Florença.

✦ Não há muitas cores no quadro.

Leonardo da Vinci não usava muitas cores diferentes, sobretudo as fortes. Ele preferia imagens que fossem suaves para os olhos. Em sua pintura, os olhos podem passar de uma coisa a outra deslizando, como uma carícia, como nuvem.

✦ Por que o quadro é escuro?

A pintura, com certeza, era mais clara no começo, mas com o tempo ela envelheceu. Em vez de ficar enrugada, como as pessoas, ela ficou mais escura e com pequenas rachaduras. A camada de verniz que protege o quadro também mudou e tornou-se acastanhada. Sem dúvida, Mona Lisa tinha a pele muito mais clara antes, ela devia ser bonita. E o céu atrás dela era mais azul.

✦ Parece que ela não tem cabelos.

Tem, sim; mas naquela época estava na moda raspar os cabelos até o alto da testa para ficar com o rosto bem à mostra. Se ela pudesse nos ver e dar sua opinião, talvez se mostrasse horrorizada com nossos penteados. Ela nos acharia desgrenhados demais...

✦ Será que Leonardo da Vinci a pintou porque a achava bonita?

Não sabemos se ele, necessariamente, a considerava bonita. Pintou-a porque o marido de Mona Lisa havia encomendado esse retrato, e é provável que, na época, achassem-na bela. Senão, seu esposo não teria tanto orgulho dela a ponto de mandar fazer seu retrato...

✦ Por que sempre dizem que a Mona Lisa é bonita?

Talvez ela agrade a muita gente, simplesmente. Talvez também, ouvindo dizer que ela é bonita, as pessoas o repitam por hábito, sem se questionar. Talvez, ainda, confundam o quadro com seu tema: dizer que o quadro é bonito, nesse caso, é o mesmo que dizer que a mulher representada é bonita também. Ora, são duas coisas distintas: trata-se de um quadro que representa uma mulher, e não de uma mulher em carne e osso... O quadro é que é conhecido no mundo inteiro, não a mulher. Quando se diz "Mona Lisa" ou "A Gioconda", não é a mulher que se está evocando nem o que ela era, seu caráter, o lugar em que vivia: fala-se desta pintura, deste retrato.

★ Por que este quadro é tão conhecido?

Era a primeira vez que um retrato dava ilusão de vida a esse ponto: em vez de pintá-la com traços rígidos como teria feito outro pintor, Leonardo da Vinci deu a Mona Lisa uma expressão fugaz, uma espécie de meio sorriso, que ignoramos se está começando ou terminando... Em volta dessa mulher, ainda que tudo esteja tranquilo, também a luz está mudando. Ninguém nunca tinha visto uma imagem assim, capaz de sugerir a passagem do tempo.

★ O que há atrás da Mona Lisa?

Ela está sentada numa *loggia*, uma espécie de balcão, e se vira para nós, como se estivéssemos com o pintor no interior da casa. Atrás dela, vemos a paisagem que ela costuma olhar: vales, um rio com uma ponte, caminhos que vão até o fundo. Embora esteja representada sozinha no quadro, ela não está separada do resto do mundo.

★ Por que Leonardo da Vinci não pintava com mais precisão?

Na realidade, não vemos tudo com perfeição, sobretudo os detalhes das coisas distantes. Leonardo traduziu a visão com honestidade: por isso ele quase não desenhou contornos, linhas duras entre os diferentes elementos. Não conseguimos distinguir os limites de cada forma, nós os imaginamos mais do que os vemos, porque eles se perdem numa espécie de bruma. As montanhas do fundo são tão nebulosas que quase se confundem com o céu... Essa técnica foi denominada *sfumato* ("esfumado" em italiano).

★ As mãos são bastante iluminadas.

Elas desempenham um papel neste retrato: algumas pessoas mexem os dedos, cutucam alguma coisa, ficam com as mãos crispadas mesmo que o resto do corpo pareça relaxado. Mona Lisa, por sua vez, está completamente serena, no fundo de si mesma. Apoiadas sossegadamente uma sobre a outra, suas mãos tão calmas são a prova disso.

★ Este quadro não é alegre.

Ele passa essa impressão em relação a outros quadros da mesma época, mais luminosos, resplandecentes de cor, que nem por isso expressam alguma alegria particular. De fato, a luz e a sombra eram, naquela época, consideradas antes de tudo símbolos: a luz representava o Bem (ou seja, Deus) e a sombra, o Mal. Pintava-se, portanto, o mínimo de sombra possível. Leonardo fez uma coisa incrivelmente nova dando a ambas igual importância em seus quadros: isso procedia de uma visão científica, e não mais apenas religiosa.

De um lado, o que está iluminado, que se vê, se observa, se compreende; e, do outro, o que é obscuro, que nos escapa, que não conhecemos...

✳ **Outros pintores pintaram à maneira de Leonardo da Vinci?**
Ninguém nunca soube igualar seu famoso *sfumato*. Mas aos poucos, graças a ele, os pintores deram às sombras um papel cada vez maior. Sobretudo, adquiriram o hábito de compor os retratos da mesma maneira que ele: o corpo do personagem formando um grande triângulo como uma pirâmide. As pirâmides do Egito eram símbolos solares, como raios de sol fixados na pedra. Por isso elas evocam a eternidade... Na época de Mona Lisa, empregava-se o triângulo para a composição de temas sagrados, como uma *Virgem com o Menino Jesus*, por exemplo. Mais uma vez, Leonardo da Vinci, utilizando esse esquema para um retrato, havia mudado as regras...

✳ **O quadro fez muito sucesso na época de Leonardo da Vinci?**
Sim, muito. Tudo nele era novo: a composição piramidal, a ideia de mostrar o modelo num lugar real e habitável, a maneira de ligá-lo com a paisagem, as nuances da iluminação (o claro-escuro), a sensação de um instante efêmero representada pela expressão passageira de Mona Lisa... Essas inovações não eram apenas de ordem técnica; elas traduziam antes de tudo determinada concepção do mundo. Essa mulher, que aparentemente não tem nada de excepcional, figura a humanidade inteira: inscrita na eternidade mas submetida à duração, dividida para sempre entre uma luz que passa e a sombra que guarda seus segredos.

✳ **Leonardo da Vinci pintou muitos quadros?**
Não, pois a pintura era, para ele, apenas uma atividade entre outras. Atualmente, não se conhece mais do que uma dúzia de obras suas. Em compensação, ele deixou uma quantidade enorme de desenhos e anotações que mostram a que ele se consagrava permanentemente: o estudo do corpo humano (anatomia), da terra (geologia), das plantas (botânica), dos astros (astronomia), a óptica... Todos os fenômenos da natureza o apaixonavam, até o mais ínfimo, e em especial tudo que dizia respeito ao movimento: a poeira de uma batalha, um vento tempestuoso, a luz do crepúsculo, uma careta ou um sorriso... Ele era escultor e arquiteto, assim como pintor e até engenheiro. Inventou máquinas voadoras, aperfeiçoou fortificações, máquinas de guerra... Tudo era válido para aprofundar seu conhecimento e sua compreensão do mundo. Em suas pesquisas, *A Gioconda* foi uma etapa tão marcante que ele conservou o quadro até a morte. Mona Lisa, portanto, nunca recebeu o seu retrato. Mais do que sua imagem, o quadro encarnava o pensamento do próprio Leonardo da Vinci.

São Jerônimo em uma paisagem

C. 1520, óleo sobre madeira, 74 x 91 cm
Museo Nacional del Prado, Madri, Espanha
Joachim Patinir (ou Patenier, Dinant ou Bouvignes, entre 1475 e 1485 – Antuérpia, 1524)

Esta é uma paisagem grande com povoados pequenos.
A natureza é visível até o horizonte. Aqui e ali casinhas formam povoados com castelos. Há montanhas e florestas, um lago verde-claro à direita. Ao fundo, chega-se ao mar.

Quem é o velho sentado na cabana?
É são Jerônimo. Ele tinha decidido isolar-se longe das cidades, em plena natureza, para refletir sem ser incomodado: ele quase passa despercebido no quadro. Vendo-o em seu canto, compreendemos que ele tenha vontade de estar tranquilo.

Há um animal com são Jerônimo.
Ele está cuidando de um leão que tem um espinho na pata. O leão, reconhecido, se tornará seu animal de estimação, como um cachorro. Aliás, eles sempre são representados juntos. O leão também está presente mais adiante à direita; ele dá um salto quando encontra um pequeno jumento que transporta madeira, não para devorá-lo, mas porque são Jerônimo confiou-o ao leão. Ele tem de conduzir o jumento ao pasto e cuidar para que não lhe aconteça nada.

Neste quadro há principalmente verde, azul e marrom.
São as cores da relva e das árvores, do mar e do céu, da terra e dos rochedos. Mas o pintor não as utilizou de maneira uniforme. Em cada uma dessas cores, há muitas nuances: por exemplo, em vez de aplicar um único tom de verde, ele colocou dezenas, todos diferentes, de modo que, conforme o lugar, a atmosfera muda. Sentimos o calor do sol, ou nos refrescamos à sombra das folhagens...

Essas montanhas são esquisitas.
O pintor misturou a realidade e o imaginário. Ele certamente observou rochedos verdadeiros na natureza, mas também levou para casa pedregulhos, pequenos pedaços de rocha cuja forma lhe agradava. Reproduziu-os em seu quadro, e essas pequenas pedras ficaram parecidas com grandes montanhas de formas extraordinárias...

Essa paisagem existe em algum lugar?
Não, poderíamos percorrer a terra inteira sem nunca encontrá-la. No entanto, alguns elementos que a constituem são emprestados da realidade: assim, o pintor nasceu numa região da Meuse, famosa por suas falésias e grutas. Mais tarde, foi para o sul da França, a Baux-de-Provence: essas paisagens o inspiraram. Ele escolheu uma forma aqui, um detalhe acolá, árvores, casas, arbustos, o litoral, uma nuvem, uma pequena cabana... E com todo esse material compôs seu quadro.

Num lado do quadro, tudo é pontiagudo; no outro, tudo é plano...
A imagem é composta para sugerir diferentes aspectos da existência. À esquerda, as formas são complexas, compridas. Há uma grande igreja e algumas casas no

topo da montanha: para chegar a esse monastério (a casa dos monges onde são Jerônimo vive), é preciso subir por um caminho difícil e cansativo. Na parte direita do quadro tudo é tranquilo, o campo é suave. Em outras palavras, em alguns momentos tudo é difícil, é preciso resistir às dificuldades; em outros, tudo corre bem, tudo parece simples.

✴ **São Jerônimo está minúsculo no quadro; isso significa que ele não é importante?**

Não, de maneira nenhuma. Ele está situado no primeiro plano; é preciso, portanto, passar por ele para entrar na imagem. Só depois é que podemos avançar. A paisagem pode ser compreendida como o símbolo de seus pensamentos: a meditação de são Jerônimo às vezes é tranquila como os vales, mas pode também esbarrar numa ideia, hesitar. Então torna-se um caminho tortuoso e semeado de obstáculos do qual ele não vê o fim... Passear por esse quadro é, de certa forma, entrar em seu espírito.

✴ **São Jerônimo sempre é pintado numa paisagem?**

Não, esta é apenas uma das duas representações habituais de são Jerônimo. A outra mostra-o trabalhando em seu gabinete de estudos (seu escritório). Ele escreve, lê ou reflete. Como intelectual (traduziu a Bíblia para o latim a partir dos textos gregos e hebraicos) e como monge (viveu como eremita, ou seja, solitário no deserto para se consagrar à oração), ele ilustrava aspectos diferentes e complementares da vida religiosa.

Isso deu aos pintores oportunidade para imaginar diversos cenários.

✴ **Vemos uma pequena cruz perto de são Jerônimo.**

É um crucifixo. Sem necessariamente conhecer a história do personagem, compreendemos, graças a esse objeto, que se trata de um religioso cristão. Essa cruz em que vemos Jesus está apoiada no rochedo, na frente de são Jerônimo, como se ambos estivessem conversando. Ao lado, há um crânio, objeto frequentemente representado nos quadros religiosos: ele evoca a morte do primeiro homem, Adão.

Crânio e crucifixo simbolizam, respectivamente, o pecado original e a Redenção.

✴ **Onde vivia são Jerônimo na realidade?**

Ele viveu essencialmente em Roma e no Oriente, no deserto da Síria durante cinco anos, depois em Belém, na Palestina, onde fundou um monastério. Ali morreu em 420. É óbvio que o quadro não tem nenhuma relação com esses lugares, pois Joachim Patinir nunca foi para o Oriente e não conhecia nada do deserto. Essa paisagem verdejante tem a função de enfatizar que são Jerônimo se encontra longe das cidades e de seu tumulto. Na época de Patinir, isso era suficiente para deixar claro que se tratava de um "deserto".

✳ Por que o pintor deu mais importância à natureza do que ao personagem?

Joachim Patinir vivia na época das Grandes Descobertas. Graças às expedições de Cristóvão Colombo, de Vasco da Gama e de muitos outros, passou-se a ter consciência de que existiam terras distantes cheias de riquezas surpreendentes. Os conquistadores partiam para a América em busca do ouro, a Europa ocidental estendia seu domínio cada vez mais longe na terra... Os grandes espaços de Joachim Patinir são o reflexo dessa nova concepção do mundo. Com ele, o quadro torna-se o espaço da viagem e da aventura.

✳ Seria preciso muito tempo para passear por essa paisagem.

Essa é uma das ideias importantes desta pintura. À medida que descobrimos o espaço do quadro, podemos também perceber que o tempo passa. Não há caminho direto, mas desvios, demoras... A imagem propõe caminhos, trajetos. Podemos nos imaginar dentro dela, escolher uma direção, rumar ao desconhecido. Até o fundo da imagem abrem-se possibilidades novas, promessas: basta embarcar em um dos navios que vemos lá longe... Para Joachim Patinir, que vivia na Antuérpia, um dos portos mais importantes da época, essa era sem dúvida uma imagem familiar.

✳ À medida que avançamos para o horizonte, a paisagem torna-se cor de turquesa...

É uma cor rara na natureza, mas ela aparece em quase todos os quadros de Joachim Patinir. Como resultado de uma mistura de verde e azul, ela lembra tanto a vegetação como o céu: o verde das pradarias torna-se azul e leve como o ar... Ou então o azul do céu absorve pouco a pouco a cor das folhagens. É como se a natureza tivesse mudado de ideia, transformando as cores que conhecíamos desde sempre. Uma paisagem que se torna turquesa tem algo mágico...

✳ É difícil saber se é um quadro religioso ou uma paisagem...

É ao mesmo tempo as duas coisas. A figura do santo dá à imagem seu fundamento religioso, e a paisagem pode ser interpretada como uma metáfora do caminho espiritual rumo à serenidade. No entanto, a história de são Jerônimo fornece um pretexto perfeito para a representação da natureza: em vez de ser um simples fundo de cenário, ela é vista aqui como um espaço sem limites. Joachim Patinir inventou um novo tipo de quadro. Ele ainda depende da tradição dos temas sagrados, mas dá prioridade à natureza. É com ele que nasceu de fato a pintura de paisagem.

Retrato de Carlos V a cavalo

1548, óleo sobre tela, 332 x 279 cm
Museo Nacional del Prado, Madri, Espanha
Ticiano (Tiziano Vecellio, dito Ticiano, Pieve di Cadore, 1488/89 – Veneza, 1576)

✦ É um quadro enorme!

Ele foi pintado para um palácio, com paredes muito altas e muito largas. Com esse formato, podia ser visto com bastante facilidade. Menor, o quadro teria sido menos impressionante. Talvez não fosse notado no meio dos outros.

✦ Quem é o cavaleiro?

Não é um cavaleiro qualquer, mas um imperador que reinava sobre vários países ao mesmo tempo (Espanha, Países Baixos, Alemanha, Áustria, uma parte da França e da Itália atual). Ele se chamava Carlos v (1500-58), que quer dizer Carlos o quinto (antes dele, já tinham existido quatro imperadores com o nome de Carlos).

✦ Ele está na guerra?

Sim: ele veste uma armadura muito preciosa, carrega uma lança e seu cavalo é protegido por um caparazão vermelho (uma espécie de capa). Ele acaba de ganhar uma batalha muito importante. Para guardar uma lembrança dessa vitória, pediu a Ticiano, seu pintor preferido, que fosse encontrá-lo e pintasse seu retrato. Assim, todos aqueles que virem o quadro saberão que ele era um grande soldado.

✦ Onde está seu exército?

Não deve estar longe, mas ele não queria que o exército estivesse na imagem. Preferia que o quadro o representasse sozinho. Também não quis que fossem pintados os combates. O quadro é feito para dar a ideia de seu poder, não para representar com exatidão o que aconteceu.

✦ Ele parece estar saindo da floresta.

Durante muito tempo as florestas amedrontaram as pessoas: dentro delas é escuro, e naquela época ali podiam ser encontrados animais selvagens ou as pessoas podiam ser atacadas por bandidos. Ao pintar essas árvores atrás do rei, Ticiano mostra que Carlos v possui uma coragem excepcional, que ele é capaz de atravessar tranquilamente um lugar onde ninguém ousaria se aventurar.

✶ Temos a impressão de que a batalha ainda não começou.

É porque o cavalo está pateando, está impaciente para galopar. O rei o retém, logo o deixará correr. Assim ele dá prova de sabedoria: sabe esperar, evitar a precipitação, permanecendo, no entanto, de sobreaviso. Ele se mantém pronto para combater no instante exato em que for necessário.

✶ A quem ele visa com sua lança?

Ninguém em especial. Ele não precisa lançá-la; imaginamos que é capaz de enfrentar todos os perigos e todos os inimigos, quaisquer que sejam. Ele se mantém bem ereto, completamente calmo. É o momento imediatamente anterior ao ataque. A lança apontada para cima traduz o ardor do guerreiro no combate.

✳ Há muitas nuvens no céu.

Isso evita a monotonia. O pintor anima seu quadro com um céu que se move, que muda de cor. O horizonte ainda está ensolarado, o dia logo terminará: uma maneira de enfatizar que o rei, cheio de vigor e de energia, até mesmo no momento em que o sol se põe, estará alerta até o último minuto.

✳ O cavalo não conseguiria se manter nessa pose enquanto o pintor trabalhava.

É óbvio que não. O costume era fazer o modelo posar sobre um falso cavalo para a postura geral, e mais tarde aprimoravam-se os detalhes. O próprio rei não posava nem muitas vezes nem por muito tempo, ele tinha outras coisas a fazer. Ao pintor cabia se virar para que o resultado ficasse harmonioso e não percebêssemos que ele tinha trabalhado por pequenas partes.

✳ O quadro foi pintado ao ar livre?

Isso não teria sido muito prático, sobretudo com esse formato. Ticiano trabalhava num ateliê, como se fazia na época. Personagens e paisagem eram pintados separadamente. Depois de escolher um fundo bem geral, uma vista do campo, ele organizava-o em relação a seu tema principal. Aliás, ignoramos se o local, aqui, se assemelha àquele em que a batalha de fato ocorreu.

✳ Por que Ticiano pintou o imperador a cavalo?

Sua finalidade era criar uma representação capaz de sugerir o enorme poder de Carlos V. Ele precisava achar algo novo, realmente espetacular. Ticiano, então, transpôs para a pintura o que já existia na escultura desde a Antiguidade: a estátua equestre. Mais exatamente, inspirou-se na de Marco Aurélio, um imperador romano famoso por sua sensatez, modificando-a para dar ênfase à ação. O retrato pintado por Ticiano comemora um momento específico da vida de Carlos V, mas ele pretende sobretudo destacar as qualidades comuns aos dois imperadores: a coragem, a grandeza, a reflexão...

✳ Existem muitos retratos equestres?

Sim, mais tarde, todos os reis, imitando Carlos V, se fizeram pintar a cavalo. Esse tipo de retrato tinha se tornado o símbolo indispensável de seu poder. Na esteira de Ticiano, outros pintores imaginaram variantes tanto para a postura do cavalo quanto para a do cavaleiro.

Em cada novo quadro, eram ressaltados aspectos diferentes do modelo, sua nobreza, sua elegância, seu entusiasmo... Depois, grandes personagens que não eram nem imperadores nem reis também se fizeram representar dessa maneira. Era menos caro e menos atravancador que uma estátua...

✴ **Na verdade, o cavalo não é muito grande.**

Se o pintor tivesse dado ao cavalo um tamanho proporcional ao cavaleiro, este teria ocupado menos espaço no quadro. Sua majestade teria sido diminuída. Talvez o animal fosse notado antes do homem, o que seria absurdo, considerando a própria função do retrato equestre. Portanto, deturpa-se a realidade. Mas isso não aparece nunca na primeira olhada. É raro que seja percebido.

✴ **A armadura e a lança eram realmente assim ou o pintor inventou-as?**

A armadura é exatamente a que Carlos v usava em Mühlberg, na ocasião de sua vitória sobre os protestantes. Era preciso que se pudesse reconhecê-la e admirá-la em um retrato, ela fazia parte dos bens do rei e era uma peça singular, suntuosamente trabalhada. Mas o essencial é a lança: segundo a lenda, ela seria a "Santa Lança" com a qual o flanco de Cristo na cruz fora perfurado. Quarenta e cinco imperadores possuíram essa relíquia extraordinária. Dizem que Carlos Magno a mantinha sempre perto dele, até quando dormia, como um verdadeiro talismã.

✴ **Quando olhamos o quadro mais de perto, o imperador é menos impressionante.**

É o mesmo que se aproximar de um personagem oficial: por trás de uma função, descobrimos um ser tão frágil quanto os outros. O pintor utilizou todas as nuances de cor e de luz. Suas pinceladas são bem leves, a tela parece se mexer. Tais detalhes, quase imperceptíveis, conferem ao personagem uma dimensão mais humana, mais sensível. Nota-se também que o imperador está pensativo, com ar distante. Ao nos aproximarmos do quadro podemos ter uma visão privilegiada, mais íntima, tanto do modelo quanto da maneira como ele é pintado.

✴ **Ticiano conhecia bem Carlos v?**

Como o pintou diversas vezes, teve a oportunidade de observá-lo bem, de compreender o que ele esperava de seus retratos. Ticiano era capaz de captar ao mesmo tempo a autoridade e a delicadeza, ele honrava a sutileza tanto quanto a força... Num pintor de corte, essas eram qualidades insubstituíveis. Graças a Ticiano, Carlos v sabia que apareceria em toda sua glória sem que jamais fossem esquecidas nem a gravidade nem a profundeza de seus pensamentos... Ele era o maior príncipe católico, logo após uma vitória sobre os protestantes. O retrato que encomendou deveria celebrar seu poder, mas ele queria também que se percebesse sua vontade de fazer triunfar a paz. Longe das realidades da batalha, seu combate seria compreendido antes de tudo como um combate espiritual...

Paisagem de inverno com patinadores

1565, óleo sobre madeira, 38 x 56 cm
Musées Royaux des Beaux-Arts, Bruxelas, Bélgica
Pieter Bruegel o Velho (Breughel, c.1525/30 – Bruxelas, 1569)

✦ É um quadro que lembra o Natal.

Ele não representa especialmente o Natal, mas mostra o inverno como gostamos de imaginar, com muita neve. Não nos sentimos perdidos, as casas nas laterais e no fundo do quadro dão a impressão de que estamos bem protegidos no povoado; é agradável sentir frio quando sabemos que logo poderemos entrar para nos aquecer...

✦ Deve fazer bastante frio, mas há um belo sol.

O quadro todo é banhado de uma luz quase dourada, cor de mel. Quando o vemos de longe, essa é a primeira coisa que aparece. Por isso a imagem é tão atraente. Mesmo que a olhemos só de passagem, ela agrada.

✦ O que fazem todas as pessoas que estão ali?

Como a água do rio está congelada, elas se divertem patinando em cima. Naquela época, há mais de 450 anos, não havia patins tão desenvolvidos como os de hoje: as pessoas simplesmente prendiam lâminas de madeira nos sapatos. Vendo--as patinar, podemos imaginar que esse recurso funcionava bem.

✦ Os personagens são como formiguinhas.

O pintor as observa de longe, o que as faz parecerem minúsculas e escuras. A essa distância, ele pode mostrar uma imagem global, mesmo que seu quadro seja tão pequeno. Vemos como os personagens deslizam em todas as direções, espalhando-se como insetos ou como os pássaros que saltitam na neve.

✦ Também vemos grandes aves negras.

São corvos; eles estão empoleirados nos galhos e parecem muito mais calmos que os outros pássaros. Parecem esperar algo, observando o que está acontecendo. Os homens talvez não sejam tão diferentes dos pássaros: alguns são agitados, outros, mais pacientes.

✸ Nem todas as pessoas estão fazendo a mesma coisa.

Elas se encontram na mesma situação, mas comportam-se de maneiras diversas. Não têm a mesma idade, cada uma tem seu caráter e sua ocupação... Olhando-as uma a uma, vemos algumas que conversam enquanto outras andam apressadas. Uma delas equilibra-se sobre uma perna, uma mãe segura o filho pela mão, com certeza ela vai mais devagar. Algumas pessoas caminham em dupla, outras estão sós. Nem todas têm a mesma firmeza.

✸ Ninguém caiu patinando.

Essas pessoas estão acostumadas a patinar, o pintor descreve uma cena bem corriqueira da vida cotidiana naquela época. No quadro, cada uma parece capaz de controlar seu percurso, mas o fato é que as coisas podem acabar mal.

A cada instante, a queda é possível, com suas consequências mais ou menos graves; basta apenas que alguém não saiba muito bem conduzir-se ou parar. Algumas pessoas tomam bastante cuidado, outras talvez só tenham sorte.

✳ **O gelo poderia quebrar.**
É um perigo, não conhecemos a espessura do gelo e ele pode ceder sob o peso de um patinador. Na parte inferior da imagem, já tem um buraco. Mesmo que as pessoas sejam bastante prudentes, o inesperado pode ocorrer. Algumas coisas não dependem delas. Imaginamos que, observando-as se divertirem, o pintor também pensa em tudo isso.

✳ **Para que serve a prancha de madeira apoiada na neve, à direita da imagem?**
É uma trápola, uma armadilha para pássaros: um objeto comum que faz parte da vida das pessoas no campo. Também os pássaros são ameaçados. Nunca os homens nem os animais estão completamente em segurança.

✳ **Temos a impressão de ver essa cena do alto de uma colina.**
Independentemente do local exato em que o ponto de vista esteja, ele é elevado e a cena é apreendida com muita distância. Por um lado, podemos pensar que estamos bastante protegidos: os patinadores estão bem longe, num nível inferior, não corremos o risco de sermos empurrados, de escorregar ou de cair com eles... Mas, por outro lado, os espinheiros e as árvores do primeiro plano não fornecem um ponto de apoio seguro. Os galhos mortos quebram facilmente. Essa situação tampouco é mais estável que a das pessoas que estão no gelo...

✳ **Vemos a igreja do povoado.**
Como centro religioso do povoado, a igreja tem um papel importante. Ela evoca uma outra dimensão da vida das pessoas que Bruegel pinta em seu momento de distração. Ali estão elas espalhadas, seus interesses são diversos e talvez opostos, mas a igreja é o lugar que as reúne de tempos em tempos. Ela traz a ideia de uma unidade possível entre as pessoas e talvez de um refúgio.

✳ **Bruegel vivia nesse povoado?**
Não, ele morava numa cidade maior. Ele tinha primeiramente trabalhado na Antuérpia e, na época em que pintou este quadro, em 1565, morava em Bruxelas. Mas esse povoado não fica muito longe de lá, está situado na mesma região do Brabante. Bruegel pintou-o com tanta fidelidade que nos sentimos capazes de identificá-lo (seria Pede-Sainte-Anne). Ele representou tantas vezes essa região que hoje a chamamos de "vale de Bruegel".

✳ **O pintor utilizou pouquíssimas cores.**

É muito difícil, e portanto apaixonante, realizar uma imagem com tão poucos tons diferentes: nuances bastante sutis animam os pequenos detalhes. Graças a isso o quadro é também bastante homogêneo, ele explora um máximo de possibilidades com materiais a princípio extremamente limitados: branco, um pouco de preto e todos os graus intermediários de marrom, ocre, amarelo, principalmente em torno do horizonte coberto de bruma...

✳ **Por que o pintor é chamado Bruegel "o Velho"? Ele era tão velho assim?**

É o que a maioria das pessoas pensa, tanto é que o chamam igualmente Bruegel "o Antigo". Esse apelido o distingue de seus filhos, também pintores: o mais velho, Bruegel "o Jovem", também se chamava Pieter. Seu segundo filho, Jan, utilizava cores tão suaves que era chamado de Bruegel "de Veludo"...

Na realidade, Bruegel o Velho viveu pouco. Quando morreu tinha por volta de quarenta anos.

✳ **Os corvos dão um pouco de medo...**

Com frequência atribuem-lhes um significado desagradável, por causa de sua cor preta. É possível que neste quadro eles representem a morte. Mas é preciso desconfiar desse tipo de interpretação, pois a mesma coisa pode simbolizar ideias opostas. Assim, na Antiguidade, os romanos compreendiam a grasnada desse pássaro ("cra, cra") como a palavra latina *cras*, que significa "amanhã"... Entendido dessa maneira, o corvo é associado à esperança...

✳ **Este quadro contém uma moral?**

Ele certamente constitui uma reflexão sobre os seres humanos, minúsculos em relação à natureza, expostos a muitas ameaças. Mas Bruegel não dá nenhuma lição, não ridiculariza nem condena ninguém. Ele se contenta em observar as coisas com lucidez, pelo que elas são. O mundo encontra um equilíbrio entre o perigo e a despreocupação, tal como sua paisagem nos transmite a frieza do inverno ao mesmo tempo que a doçura do sol.

Davi

C. 1606, óleo sobre madeira, 90,5 x 116 cm
Kunsthistorisches Museum, Viena, Áustria
Caravaggio (Michelangelo Merisi dito Caravaggio, Caravaggio, 1571 – Porto Ercole, 1610)

✦ O menino está segurando uma cabeça pelos cabelos.

É o jovem Davi. Ele segura a cabeça do gigante Golias que ele acabou de matar.

✦ Por que ele o matou?

A Bíblia conta que Davi defendeu seu povo contra os inimigos, que eram comandados por Golias. Matando o chefe deles, Davi derrotou o exército todo.

✦ Ele cortou a cabeça do gigante?

Sim, mas somente depois de tê-lo matado: ele jogou uma pedra com sua funda [uma espécie de estilingue] e o abateu de primeira. Em seguida, pegou a espada de Golias e cortou-lhe a cabeça, para mostrar que o gigante estava definitivamente vencido.

✦ Golias não tem uma cabeça tão grande para um gigante!

É verdade, mas, se o pintor a tivesse representado realmente gigantesca, já não haveria espaço suficiente para Davi no quadro. Ora, o herói é ele. Por isso a cabeça de Golias parece quase normal.

✦ Davi não está vestido como um soldado.

Ele era um simples pastor e quis combater vestido apenas com sua túnica, recusando a armadura que o rei Saul lhe oferecera. Estava munido apenas de uma funda e de cinco pedras para dar cabo desse gigante protegido por uma cota de malha, um elmo e armado com uma lança curta e uma espada. O pintor insiste no despojamento de Davi para tornar sua coragem ainda mais impressionante.

✦ O que Davi carrega em sua sacola?

Provavelmente o restante das pedras colhidas para matar Golias, pois só uma delas bastou. Temos a impressão de que essa sacola é tudo o que ele possui, ou seja, pouca coisa... A espada que está segurando é a que ele acabou de pegar do gigante.

✳ Como Davi, tão franzino, conseguiu vencer um gigante?

Golias era, evidentemente, maior e mais forte, mas foi justamente o seu tamanho que o destruiu: ele era um alvo ideal para o pastor, muito hábil na funda. Com certeza não desconfiou de um menino tão pequeno, tão novo e sem muita força. Ora, a agilidade e a inteligência de Davi lhe deram vantagem. O trunfo do gigante voltou-se contra ele mesmo, e a fragilidade de Davi tornou-se sua sorte.

✳ Golias era realmente tão grande?

Não, qualificá-lo de gigante é uma maneira de expressar seu vigor, seu tamanho e sua força excepcionais. Quando deparamos com um obstáculo tão grande a ponto de parecer insuperável, ele dá a impressão de ser gigantesco. Aqueles que enfrentariam Golias certamente o enxergavam assim, e Davi mais do que todos quando viu-se sozinho na frente dele.

★ O que aconteceu depois?

Depois de ter combatido Golias, Davi teve de fugir do rei Saul, cobiçoso de seu sucesso. Mas um herói desses, capaz de vencer um gigante, merecia governar seu povo, e foi assim que um pequeno pastor tornou-se rei de Israel. Isso parece um conto de fadas, mas é uma história narrada pela Bíblia (Antigo Testamento). Guerreiro valente, poeta e músico ao mesmo tempo, Davi teve um filho que também foi bastante famoso, o rei Salomão (nº 14).

★ Davi não parece muito contente por ter vencido Golias.

Ele não é representado como triunfante; ao contrário, sua expressão é grave. Sem dúvida tem o sentimento de ter cumprido seu dever, mas Caravaggio não o mostra feliz por ter matado seu inimigo. A morte do gigante é tratada com respeito: o rosto dele mostra o sofrimento, ele não é nem ridicularizado nem desprezado. Não se trata, para Davi, de uma satisfação pessoal. Essa vitória não é somente dele, mas de todo seu povo.

★ Por que só Davi aparece no quadro?

No momento do combate, devia haver uma imensa multidão, inúmeros soldados, todos aguardando a resolução da batalha, com medo, e esperando a vitória de um lado ou do outro... Apesar disso, no segundo decisivo, Davi deve ter se sentido terrivelmente só, tudo dependia dele. Ele não queria ver nada do que estava à sua volta para se concentrar melhor. Caravaggio optou por passar o sentimento dessa solidão.

★ Por que o quadro é tão escuro?

O fundo escuro realça os personagens com mais intensidade. Caravaggio quase sempre utilizou esse procedimento, eliminando o cenário, a paisagem, os acessórios para enfatizar alguns elementos significativos.

Dessa maneira, a cena, mais fácil de compreender, torna-se mais dramática, sobretudo quando imaginamos que os quadros não eram iluminados como hoje: usavam-se velas, candeeiros... Os personagens daqueles quadros deviam dar a impressão de verdadeiras aparições.

★ A cabeça de Golias parece estar saindo do quadro.

Davi a estende a nós, e o fundo escuro, que provoca um contraste violento com as formas iluminadas, reforça esse efeito. Caravaggio utiliza uma iluminação que se assemelha à dos projetores. As zonas tocadas pela luz parecem avançar, como se estivessem em relevo. A cena torna-se fascinante, temos imediatamente a sensação de que poderíamos tocar os personagens. Eles estão ali, ao alcance da mão.

✱ Caravaggio sempre pinta seus personagens em relevo?

Na maioria de suas obras, ele se preocupa efetivamente mais com o relevo do que com a profundidade da imagem: é impossível entrar no quadro, não há nenhum espaço no fundo, o preto ali está como uma parede. Em compensação, as figuras estão prestes a surgir da imagem. Em vez de estar na frente de uma representação pintada, confortavelmente instalado como um simples espectador, este se vê enredado, testemunha de um acontecimento imprevisto. A surpresa é total.

✱ Por que o pintor escolheu esse momento preciso da história de Davi e Golias?

Ele se limita a fazer uma constatação para criar um efeito brutal: essa é a conclusão do combate que ocorreu. Conhecendo ou não a história de Davi e Golias, somos imediatamente tomados pela força de sua presença. A imagem é bloqueada, no espaço e no tempo: no espaço, porque nenhuma escapatória é possível, e no tempo porque a cena é tão rápida quanto um soco.

✱ Um quadro assim era destinado a uma igreja?

Não, ele não foi concebido para decorar um local de culto. Esse tipo de quadro convinha a uma clientela de apreciadores de arte que, naquela época, começava a montar vastas coleções. Eles tinham os conhecimentos necessários para compreender seu significado. A imagem visa a satisfazer o espírito e o gosto desses clientes, não a manter a devoção dos fiéis...

✱ Outros pintores realizaram quadros desse tipo?

Caravaggio inventou esse tipo de pintura, baseado na oposição bastante radical da sombra e da luz. Ele vivia em Roma, para onde, naquela época, no começo do século XVII, os artistas afluíam de toda a Europa para estudar seu ofício, observar os monumentos antigos e as grandes realizações do Renascimento. O trabalho de Caravaggio era a arte contemporânea de sua época. Ele obteve um imenso sucesso com seus quadros, hoje ainda tão verossímeis quanto uma reportagem televisionada ao vivo e tão grandiosos quanto um espetáculo de ópera... Os pintores italianos, franceses, holandeses, espanhóis seguiram, todos, seu exemplo, a tal ponto que se fala de *caravaggismo* para designar seu estilo.

A trapaça com o ás de paus

C. 1625-30, óleo sobre tela colada sobre madeira, 96,5 x 155 cm
Kimbell Art Museum, Fort Worth, Estados Unidos
Georges de La Tour (Vic-sur-Seilles, bispado de Metz, 1593 – Lunéville [?], 1652)

✦ Eles estão jogando cartas.
Os três personagens sentados estão jogando. Mas há também alguém que não joga: a mulher de pé e que segura uma garrafa e um copo de vinho. É a criada.

✦ Um deles está trapaceando!
O personagem da esquerda esconde cartas no cinto. Elas atraem nosso olhar imediatamente, porque são brancas e ele age como se realmente quisesse que as víssemos. Na verdade, ele mostra que trapaceia para nos explicar a história.

✦ Os outros não veem que estão jogando com um trapaceiro?
O personagem que está na frente do trapaceiro sem dúvida não entendeu nada: só está interessado em suas próprias cartas. Por um lado, está certo em pensar bem antes de jogar, mas, por outro, isso é um problema, pois ele não vê com que tipo de gente está jogando.

✦ Os personagens estão muito bem vestidos.
Principalmente o rapaz da direita; suas roupas brilham, são de um tecido muito precioso com bordados de prata, e uma grande pluma enfeita seu chapéu. Todos podem ver que ele é rico, e sua confiança ingênua pode atrair ainda mais os ladrões. A mulher sentada, que usa um vestido elegante e um colar de pérolas, tem uma aparência bastante respeitável. O trapaceiro, por sua vez, não veste nada vistoso... Ele não quer se fazer notar.

✦ As mulheres estão de conluio com o trapaceiro?
Provavelmente. Os três formam um grupo, suas mãos estão próximas umas das outras, elas se movem, conversam. A mulher com o chapéu vermelho, ligeiramente virada para seus dois cúmplices, dirige-se a eles. O rapaz, ao contrário, está isolado em seu pequeno mundo, com todas suas moedas de ouro na frente dele...

✦ As duas mulheres têm um modo esquisito de se fitar pelo canto do olho.
Elas não querem chamar a atenção para as suas tramoias. Se a mulher de chapéu vermelho virasse claramente a cabeça, o rapaz a seu lado poderia perceber: ele levantaria os olhos e provavelmente ficaria desconfiado... Mas, dessa maneira, tudo passa despercebido. A criada parece estar dando uma olhada rápida na direção do trapaceiro.

✸ Por que há apenas um copo de vinho?
Imaginamos que é destinado ao rapaz rico. Os outros têm de manter a mente lúcida para tramar. Um pouco embriagado, ele terá ainda menos consciência do perigo que corre. Além disso, oferecer-lhe uma bebida permitirá que a criada espione seu jogo ao levar-lhe o copo.

✳ Não vemos onde acontece a cena.
O pintor não especifica o local (talvez uma taberna): isso importa pouco, pois uma cena como essa poderia ocorrer em qualquer lugar. Por toda parte há trapaceiros e pessoas que são enganadas. É uma verdade geral, e não uma história particular. Além disso, o fundo escuro realça ainda mais as cores.

✳ A cabeça da mulher parece um ovo.
Georges de La Tour gostava de desenhar formas bem simples, de preferência geométricas. Essa senhora tem uma face bem lisa na qual nada se move, salvo os olhos: ela controla muito bem sua fisionomia. Se acreditamos vê-la bem porque ela está em plena luz, na realidade ficamos só na superfície: o olhar desliza sobre ela. É impossível adivinhar o que ela está pensando.

✳ Ninguém fala no quadro.
É um momento específico: todos esperam para saber como a partida vai evoluir. Ainda não aconteceu nada, mas sentimos chegar o momento em que tudo se precipitará. O trapaceiro prepara-se para jogar a carta escondida em seu cinto. E, em breve, as moedas de ouro trocarão de proprietário...

✳ Por que há luz atrás de um único personagem?
A distribuição de sombra e luz enfatiza as relações entre os personagens: a parede só é clara numa pequena porção à direita, atrás daquele que perderá. Os três outros, ao contrário, diante de um grande fundo escuro, estão ligados: pertencem ao mesmo mundo. Essa superfície escura proporcionalmente tão grande mostra que eles são muito mais fortes que o adversário. Os territórios da inocência e da trapaça são nitidamente definidos.

✳ Por que o rosto do trapaceiro é menos iluminado que os outros?
Ele está de costas para a luz porque a dissimulação está em sua natureza. Mesmo que o rapaz olhasse para ele, não veria grande coisa. O trapaceiro está na contraluz, o rosto coberto de sombra. Essa estratégia põe em estado de inferioridade aquele que está à sua frente: ele o vê perfeitamente sem ele próprio ser visto.

✳ O rapaz rico tem alguma chance?
Para sair dessa, bastaria talvez que enfim levantasse os olhos: ele perceberia talvez que os outros jogadores estão unidos contra ele. Seria preciso que se interessasse um pouco pelo que está a sua volta, mas ele não enxerga um palmo adiante do nariz. Não desconfia de nada. Sua passividade o arruinará... Os outros são espertos, e é preciso reconhecer que sabem agir para obter o que querem. O rapaz é ainda muito jovem, ao passo que os outros têm a experiência dessas situações.

✳ **Que jogo eles estão jogando?**

Ao olhar o quadro, todo o mundo no século XVII identificava imediatamente o jogo da *prime* [uma espécie de pôquer da época]: para ganhar, era preciso obter o maior número de pontos na mesma cor, 55 no máximo. O trapaceiro tem na mão pelo menos um seis (dezoito pontos) ou um sete (21 pontos). Com o ás, que vale dezesseis pontos, ele tem grande chance de ganhar a partida.

✳ **O trapaceiro tem cartas de paus e o rapaz, de espadas.**

As cartas têm uma linguagem simbólica. Ela não tinha importância no jogo, mas o pintor talvez a tenha levado em conta para tornar o quadro mais expressivo. O naipe de paus significa dinheiro. La Tour pintou um outro quadro com o mesmo tema cuja composição é idêntica, com algumas diferenças de cor e de detalhes: o trapaceiro segura um ás de ouros, que sugere uma operação frutuosa. No jogo da vítima, o naipe de espadas só anuncia problemas...

✳ **Por que os personagens estão tão apertados no quadro?**

Ao conceder-lhes tão pouco espaço, o pintor cria uma atmosfera pesada. Falta ar, respira-se com dificuldade... Esse enquadramento tão apertado acentua a intensidade das relações entre os personagens. Assim, ficamos atentos a tudo, espiamos o mínimo piscar de olhos, temos consciência de cada detalhe que adquire uma importância desmesurada.

✳ **Por que Georges de La Tour pintou uma história tão injusta?**

O quadro é feito para mostrar que, para escapar desse tipo de situação, é preciso ser mais prudente, mais atento do que esse rapaz. Trata-se de uma lição de moral em imagem. Todo jovem deveria aprender a desconfiar: ele deve tomar cuidado com as mulheres que querem seduzi-lo, deve evitar embriagar-se e, por fim, é melhor não jogar se não quiser perder tudo o que possui... No século XVII, eram esses os três perigos que mais se temia. A imagem os reúne para que a advertência seja mais eficaz.

Apolo e Mársias

1637, óleo sobre tela, 182 x 232 cm
Museo Nazionale di San Martino, Nápoles, Itália
Jusepe de Ribera (Játiva, província de Valência, 1591 – Nápoles, 1652)

12

＋ Quem são esses personagens?

O de cima é Apolo, o deus do sol, o outro é um sátiro chamado Mársias: ele tem corpo de homem e pernas de bode. Ambos são personagens da mitologia grega.

＋ O que eles estão fazendo?

Apolo está punindo Mársias, arrancando sua pele. Está apenas começando, e Mársias grita de dor.

＋ Por que Mársias está sendo castigado?

Ele tinha tanto orgulho da maneira como tocava flauta que havia desafiado Apolo em um concurso. O deus tocava lira ou viola, dependendo da versão, e Mársias, flauta. Apolo ganhou. Tinha ficado acertado no começo que o vencedor puniria o perdedor como quisesse, e o deus escolhera esfolá-lo vivo.

＋ Apolo não parece estar enraivecido...

Não, seu rosto bem calmo mostra que ele não age assim porque está furioso. Não é nem por prazer nem por maldade. Simplesmente, ele é um deus e não pode se deixar ofender... Isso está na ordem das coisas.

＋ O corpo de Apolo é muito branco.

Deus da luz, ele percorre o céu com sua carruagem, e, toda manhã, é com ele que o dia nasce. Ele é sempre representado como um personagem radiante, com cabelos dourados e um belo rosto tranquilo.

＋ Mársias tem a pele escura.

A diferença para Apolo deve ser muito nítida: contrariamente ao deus do sol, ele não é um ser luminoso. Vivendo nas sombras da floresta, adquiriu uma cor próxima à das árvores, sua pele é rude. Ele é metade homem, metade animal, suas coxas são cobertas com uma pelagem escura.

✳ O quadro está dividido em dois: uma parte é escura, a outra, clara.

Mesmo sem examinar os detalhes, sabemos imediatamente que o quadro mostra dois mundos diferentes que se opõem. O do céu e da luz, o da terra e das sombras. Esses mundos não podem nem se misturar nem se confundir. O deus Apolo e o sátiro Mársias pertencem cada um a um desses dois mundos. E Mársias é castigado porque acreditou poder igualar-se aos deuses, ao passo que sua natureza não o autorizava a isso.

✳ Por que Apolo tem folhas sobre a cabeça?

Ele porta uma coroa de louros, que designa a glória do vencedor. Na Antiguidade, os atletas que venciam as provas nos jogos do estádio eram assim coroados. Além disso, como as folhas de louro permanecem verdes no inverno, via-se nelas também um sinal daquilo que não pode morrer. É um atributo do deus Apolo.

✳ **Há um instrumento musical no chão.**
É uma viola, uma forma antiga do violino. Ela pertence a Apolo. Ele a colocou no chão, depois do concurso, para executar Mársias. Posicionada no primeiro plano do quadro, ela nos evoca o ponto de partida dessa história horrível. Estimava-se que os instrumentos de cordas tinham um som mais suave, mais límpido e, sobretudo, muito mais nobre que os de sopro, como a flauta de Mársias.

✳ **Quem são os personagens atrás da árvore?**
São sátiros, os amigos de Mársias. Como ele, pertencem aos espíritos das montanhas e dos bosques que acompanham o deus Baco. Eles assistem horrorizados à tortura do companheiro sem poder fazer nada por ele. Um deles tampa os ouvidos para não escutar os gritos. Diz a lenda que eles choraram tanto que um rio teria nascido de suas lágrimas. Ribera pintou-os em tons acinzentados para mostrar que eles são apenas figurantes: seu único papel é o de espectador. Mas sua presença é necessária. O que está acontecendo com Mársias deve servir de lição: dali em diante estão avisados dos riscos que se corre quando se acredita poder medir-se com um deus.

✳ **Por que Mársias tem o rosto mais escuro que o resto do corpo?**
O pintor fez alguns modelos-vivos posarem para o quadro, a fim de garantir que os corpos fossem pintados sem nenhum erro. O que posou para Mársias tinha o rosto mais bronzeado que o resto do corpo, como a maioria das pessoas, e Ribera não corrigiu esse aspecto em seu quadro. Isso confere um caráter mais verdadeiro a esse personagem, ainda mais próximo da natureza. Já a coloração de Apolo, ao contrário, é uniforme porque ele simboliza a luz. O deus não conhece as fraquezas de um corpo comum, enquanto o de Mársias é submetido a isso.

✳ **As pinceladas no céu são visíveis.**
A parte de cima do quadro é pintada com muito mais leveza do que o resto, com cores nuançadas, cambiantes, e reflexos, ao passo que embaixo predominam o castanho e o preto opacos. A capa rosa-arroxeada de Apolo serve de transição: graças ao drapeado, seu corpo não se destaca brutalmente no céu, as pregas integram-se com harmonia às formas das nuvens. Essa é uma maneira muito simples de sugerir o infinito do espaço onde reina o deus, os grandes ventos que o acompanham em sua trajetória, a rapidez de seu voo...

✳ **Parece que os dois personagens estão pintados dentro de um círculo.**
Os braços de Mársias, no chão, estão dispostos de modo que formam um arco de círculo, e o grande drapeado róseo da capa de Apolo o completa na parte de cima.

100

Poderíamos efetivamente imaginar uma linha circular em volta deles. Dessa maneira, a atenção se concentra no drama que se desenrola entre os dois personagens: eles estão num mundo fechado, Mársias nunca escapará. Esse círculo evoca também uma roda capaz de girar sem cessar: o ciclo da vida e da morte, do dia e da noite. Toda manhã, aconteça o que acontecer, Apolo retorna com o sol e triunfa sobre as trevas...

✴ **Na verdade, os dois personagens são exatamente o contrário um do outro.**
Eles se opõem como duas pessoas que têm características inversas, natureza divina contra animalidade, claridade contra escuridão, impassibilidade contra dor etc., mas também como dois polos da existência humana: de um lado o que aspira a se elevar, do outro o que puxa para baixo. Para o pintor, esse é um tema cativante que oferece oportunidade para tratar dois tipos de nus complementares: um sugere a perfeição do espírito, enquanto o outro expressa os sofrimentos do corpo.

✴ **Por que Apolo decidiu esfolar Mársias?**
Afora a tortura horrenda e desumana que supõe, esse castigo, em todo caso nessa lenda, tem um alcance emblemático. Arrancar a pele de Mársias significa retirar-lhe a aparência, desmascará-lo. Em outras palavras, ele, que pretendia igualar-se a um deus, será obrigado a exibir a verdade de sua natureza. Em termos simbólicos, o quadro representa a punição lógica de um orgulho desmesurado.

✴ **O castigo de Mársias parece de fato exagerado.**
Certamente, parece desproporcional se pensarmos que ele pretendia apenas tocar tão bem quanto Apolo. O erro não parece muito grande. Mas, na realidade, isso vai mais além. Por melhor músico que seja, ele não é mais do que um executante. O verdadeiro crime de Mársias foi ter acreditado que seu talento fazia dele o igual de um deus. Castigando-o de maneira tão atroz, Apolo, o criador e protetor das artes, reafirma a distinção entre a habilidade do artesão, por mais talentoso que seja, e a inspiração divina.

Natureza-morta com frutas e lagosta

C. 1646-49, óleo sobre tela, 95 x 120 cm
Gemäldegalerie, Berlim, Alemanha
Jan Davidsz de Heem (Utrecht, 1606 – Antuérpia, 1684)

13

Neste quadro tem muitas coisas para comer.
Esse é o tipo de imagem que dá fome. Ela apresenta frutas de todo tipo: uvas, pêssegos, damascos, marmelos numa grande travessa redonda de porcelana azul e branca. Num pratinho foi posto um limão parcialmente descascado. À direita, também há camarões. Mas o que vemos de imediato é a lagosta bem vermelha, na beirada da mesa.

Talvez essa lagosta belisque nossos dedos.
Não há perigo nenhum: como é vermelha, sabemos que já está cozida, caso contrário, teria uma cor castanha. Mas, por esse motivo, ela é ainda mais notada e temos a impressão de que é realmente ameaçadora.

Tudo está em desordem.
De fato, as frutas estão desordenadamente empilhadas umas sobre as outras. Há também algumas conchas, mais para cima do quadro, cuidadosamente dispostas sobre uma caixa coberta com veludo azul. Na vida cotidiana, essas coisas provavelmente não estariam reunidas, mas no quadro elas produzem uma bela mistura de cores, como fogos de artifício.

Não dá para ver bem onde os objetos estão colocados.
Estão sobre uma mesa. Compreendemos melhor olhando o lado direito da imagem. Notamos também que a mesa está quase inteiramente coberta com uma toalha verde-escura, exceto naquele canto. Do outro lado também vemos as pregas do tecido levemente brilhante.

Há também bebidas.
Podemos contar três copos no quadro. Suas formas diferentes indicam que eles não contêm todos o mesmo tipo de vinho: o da direita, por exemplo, está com vinho branco da Alsácia. O pintor ofereceu várias possibilidades. Há vinho para todos os gostos.

A jarra é muito bonita.
É um jarro usado para servir o vinho. Ele foi realizado a partir de uma concha e de uma armação de ouro. A luz cria reflexos sobre a madrepérola, como um minúsculo arco-íris. Não se usava esse tipo de objeto para refeições rotineiras. O pintor deu destaque a ele, posicionando-o na lateral do quadro, ligeiramente afastado.

Parece que a lagosta vai se mexer.
É por causa de sua cor, que sempre dá a impressão de movimento. Além disso, suas tenazes ultrapassam a borda do prato, como se estivessem a ponto de agarrar alguma coisa fora do quadro. O pintor queria que ela atraísse a atenção de imediato, como uma placa que na estrada adverte contra um perigo: esse animal se desloca

de lado, da mesma maneira que os caranguejos, por isso é utilizado para representar a hipocrisia... Nesta imagem, a lagosta frisa desde o começo que podemos pensar de modo errado, enganarmo-nos, sobretudo se confiarmos nas aparências...

✳ **Por que o limão não está completamente descascado?**

A casca solta dá ao pintor oportunidade para representar uma bela forma espiralada... Ela equilibra o primeiro plano do quadro, à esquerda. Uma razão a mais justifica esse motivo, presente em muitas naturezas-mortas. Ele permite captar um instante passageiro: o lapso de um segundo, talvez menos... A casca ainda está pendurada... Logo, ela se separará completamente da fruta e cairá. Esse limão parcialmente descascado é um recurso decorativo para sugerir o sentimento da duração.

✳ **Por que há conchas?**

Naquela época as pessoas gostavam de colecionar conchas. O refinamento de suas cores e a variedade de suas formas eram apreciados, admirados. Isso nunca cessou: quando caminhamos na praia, temos o reflexo banal de apanhá-las, como colheríamos flores no campo. E temos sempre a impressão de que uma concha vem de muito longe, ela traz consigo a infinitude dos mares... Não se diz que encostando um caramujo na orelha ouvimos o som das ondas? É claro que isso não é verdade. Na realidade, ouvimos o eco de nosso próprio sangue circulando, mas mesmo assim gostamos de acreditar nessa história... Aqui, com a lagosta e os camarões, as conchas evocam justamente esse mundo misterioso do mar, enquanto as frutas e as folhas de parreira lembram a terra e as árvores.

✳ **Para que serve a cortina?**

Ela cria um elemento de decoração: o fundo do quadro adquire relevo, captura a luz. Isso prova também que a imagem não reproduz simplesmente a realidade cotidiana, não representa um local preciso numa casa. É teatro. O pintor inventou um cenário para as necessidades da composição.

✳ **O que há dentro da caixa azul?**

Em geral, esse tipo de caixa servia para guardar as joias. Portanto, é provável que ela contenha coisas preciosas, mas que não veremos: elas permanecerão ocultas. O quadro expõe uma enorme quantidade de coisas diante de nossos olhos, mas dissimula outras. Esta é uma das funções da caixa nesta imagem: restabelecer a justa medida recusando entregar seu segredo e lembrando, assim, que não podemos ver tudo nem tudo saber. E, já que é azul, ela contribui com uma cor que faltava nas frutas...

✳ **O quadro descreve os elementos de uma verdadeira refeição?**

Não, não se trata de compor um cardápio, mas de estabelecer uma imagem da riqueza. Aliás, o quadro mistura frutas de estações diferentes, como as cerejas e as uvas. Na época em que esse quadro foi pintado, há três séculos e meio, esses alimentos eram muito caros e, portanto, reservados às pessoas abastadas. Uma pintura como esta não mostra necessariamente o que eles tinham todo dia diante dos olhos ou à mesa, e sim o que eles tinham a possibilidade de se oferecer. É a mesma coisa para as louças, os copos ou o gomil, que são objetos de luxo.

✳ **Por que a toalha não cobre completamente a mesa?**

Enquanto só enxergarmos o belo tecido acetinado, perceberemos apenas o aspecto superficial das coisas, mas, onde a toalha não cobre, a mesa de madeira aparece em sua simplicidade, muito comum, sem nenhuma fioritura. O quadro mostra a possibilidade de distinguir entre a aparência das coisas e sua natureza profunda. Na verdade, essa toalha que esconde ou revela a mesa desempenha um papel semelhante ao da casca do limão, que envolve a fruta ou se solta dela: dissimula ou revela uma parte da realidade.

✳ **Por que as coisas estão dispostas de tal maneira que correm o risco de cair?**

Um dos encantos do quadro vem exatamente desse equilíbrio precário. Ele proporciona a certeza da abundância e, ao mesmo tempo, a suspeita de que tudo é suscetível de desmoronar como um castelo de cartas. As coisas se inclinam, oscilam, deslizam... É certo que na realidade jamais disporíamos as coisas dessa maneira, a não ser que quiséssemos provocar uma catástrofe... É a lição dessa pintura. Ela exalta a prosperidade e o sucesso que supõe, mas lembra que tudo pode ruir, no sentido próprio e no figurado.

✳ **Por que o pintor mostrou uma ameixa parcialmente comida por vermes?**

Essa ameixa, ao lado das cerejas, é o sinal de que tudo passa rápido: não teremos tempo de comê-la, pois os bichos já se encarregaram disso. Outros indícios o provam: o limão está quase todo descascado, o vinho está vertido nas taças, e parece já ter sido bebido, a lagosta está cozida e pronta para ser comida, os caramujos que viviam em suas conchas de madrepérola já não existem... Não há tempo a perder.

✳ **Foram pintadas muitas naturezas-mortas como esta?**

Sim, elas faziam muito sucesso. Alguns pintores, como Jan Davidsz de Heem, eram especializados nesse gênero. Eles se distinguiam na representação das matérias e das texturas, sabiam como traduzir o aveludado de um pêssego ou o aspecto embaçado de uma uva, a rachadura de uma carapaça ou a transparência do vidro. Essa pintura representa um exercício de virtuosismo, ela exige uma imensa habilidade. Ao mesmo tempo, soube responder aos desejos da clientela do século XVII holandês, apresentando tanto a imagem da riqueza material como a do devir e da fugacidade dos prazeres.

O julgamento de Salomão

1649, óleo sobre tela, 101 x 150 cm
Musée du Louvre, Paris, França
Nicolas Poussin (Les Andelys, 1594 – Roma, 1665)

14

+ O que este quadro conta?

É a história de duas mulheres que foram procurar o rei Salomão, monarca conhecido por sua grande sabedoria. Elas moravam na mesma casa e ambas tinham um
bebê. Um dos bebês morreu durante a noite e cada uma afirma que a criança que
permaneceu viva é a sua.

+ É uma história verdadeira?

O rei Salomão existiu há muitíssimo tempo. Era filho do famoso rei Davi que tinha
vencido o gigante Golias (nº 10). Sua vida é contada na Bíblia, e esse episódio mostra como ele fazia reinar a justiça.

+ Onde está o rei Salomão?

O rei está pronunciando seu julgamento, sentado num trono bem alto, acima dos
outros e de suas disputas. Ele está no centro da imagem, pois é sua decisão que
todos estão esperando. Se ele estivesse inclinado mais para um lado ou para o outro, se não estivesse absolutamente no meio, poderíamos imaginar que ele escuta
mais uma das duas mulheres; ele está então bem ereto para que compreendamos
que é um homem justo.

+ Há outras pessoas de cada lado.

São os espectadores da cena. Eles se indagam o que vai acontecer, exatamente
como nós. Alguns estão inquietos. Um deles, com ar severo, certamente já tem sua
opinião sobre o caso. Outros estão tão amedrontados que não têm coragem de olhar.

+ Parece que o soldado à esquerda vai matar o bebê!

Essas duas mulheres reivindicam a mesma criança, a que está viva: o rei Salomão,
então, ordena ao soldado que a divida em dois para que cada uma fique com uma
metade. Na realidade, ele não tem a intenção de matar o bebê; é uma armadilha
destinada a provocar uma reação nas duas mulheres. Uma delas forçosamente está
mentindo. O rei tem de desmascará-la.

+ O que vai acontecer?

A mulher vestida de amarelo suplica ao rei que poupe o bebê. Ela declara finalmente que ele não é o dela. Na verdade, ela o ama tanto que preferiria separar-se dele,
renunciar a ele para sempre, a saber que está morto. Salomão compreende então
que ela é a mãe verdadeira. Ele ordena que lhe devolvam o filho. Para tal, basta que
ele levante ou abaixe um único dedo.

✳ Como adivinhar o que as mulheres estão dizendo?

Basta olhar seus gestos. A mulher da direita não olha para o rei Salomão nem para
a criancinha morta: ela não está pensando na justiça que o rei representa, tampouco está triste. Está lá para acusar. Verde de raiva, ela aponta a outra mulher com o

dedo. A criança pode muito bem ser cortada em dois, isso não faz diferença para ela. A mulher de amarelo, ao contrário, não procura briga. Ela se volta para Salomão, a quem implora, ela só está pensando no bebê.

✳ **Por que os gestos dos personagens parecem tão pouco naturais?**
As poses são exageradas porque cada movimento traduz um sentimento, um estado de espírito. A história, assim como as intenções dos personagens, deve poder ser compreendida de imediato. Todo o corpo se exprime, é uma espécie de balé: os gestos são calculados para serem eloquentes. Eles se parecem com os gestos dos mímicos.

✳ **O pintor usou modelos para pintar?**
Não, Poussin realizava seus quadros depois de uma longa preparação. Ele observava modelos-vivos, porém estudava sobretudo as estátuas gregas e romanas, que considerava perfeitas. Elas lhe forneciam ideias para as posições de seus personagens e modelos para suas proporções, para a forma do corpo. Segundo a prática do século XVII, ele fazia inúmeros desenhos antes de começar a pintar.

✳ **As cores têm algum significado?**
Elas permitem avaliar as diferenças de caráter dos personagens, mesmo que ignoremos os detalhes da história. Sem ser necessário examinar com muita atenção seus gestos ou a expressão de seu rosto, pressentimos que o personagem vestido de vermelho, Salomão, é o mais poderoso de todos, porque essa cor domina todas as outras. A mulher da esquerda está vestida em tons claros que lembram a cor do céu e do sol (seu coração é límpido), ao passo que a outra, a que mente, é tão descorada quanto uma folha seca.

✳ **Não dá para saber direito onde a cena ocorre.**
Poussin não destaca o palácio em si. O trono e as duas colunas bastam para indicar o poder e a grandeza do rei. Desse modo, nada desvia a atenção do espectador da ação. O conjunto formado pelas linhas retas da arquitetura e da laje do chão é mais importante. Ele constitui um fundo simples e severo no qual os gestos dos personagens se destacam claramente. A pureza dessas linhas torna sua agitação ainda mais evidente.

✳ **Isso parece teatro.**
Cada personagem é aqui um ator e deve ocupar um lugar preciso para que captemos a essência de seu papel. Poussin organiza o espaço de seu quadro como um diretor de teatro. Aliás, ele tinha o hábito de, antes de pintar, construir uma caixa em que colocava pequenas figuras de cera representando os personagens de seu futuro quadro. Ele apreciava, assim, o efeito geral da cena distribuindo as sombras e as luzes que iriam se projetar em cada figura.

✴ Por que os traços dos rostos são exagerados?

Para isso, Poussin inspirou-se nas máscaras que os atores de teatro da Antiguidade usavam. Graças a seus traços acentuados, os espectadores decifravam facilmente seu sentido, mesmo estando no fundo do anfiteatro. Essas máscaras não reproduziam nenhuma fisionomia específica; elas simbolizavam caracteres, confrontados com acontecimentos e situações significativas para o homem em geral. Serviam também para fazer ressoar a voz dos atores, o que a dimensão quase sonora do quadro faz lembrar: os personagens nas laterais são os equivalentes do coro do teatro antigo, comentando a ação...

✴ Cada detalhe é calculado.

Sim, tudo é importante, pois Poussin quer mostrar o encadeamento inelutável das ações e suas consequências. Ele utiliza então o fato de os elementos de um quadro, ainda que distantes uns dos outros na cena representada, estarem manifestamente justapostos na superfície da pintura. Assim, a mulher de amarelo, renunciando à criança, abre os braços. Dessa maneira ela parece envolver a criança, que, no entanto, é mantida fora de seu alcance pelo soldado. A coincidência das formas permite indicar que, pela renúncia, ela prova seu amor. O bebê, mais tarde, lhe será devolvido. Sua angústia de mãe é traduzida sem ambiguidade: a espada destinada a dilacerar está apontada para seu corpo. Ela já está sofrendo pelo que poderia atingir o bebê... A outra mulher, por sua vez, será "esmagada" pela justiça do rei: a coluna atrás já pesa sobre sua nuca...

✴ Quem escolheu o tema deste quadro?

Poussin gostava de pintar os temas que lhe dessem oportunidade de refletir sobre um problema. Ora, naquela época, grandes colecionadores, entre os quais amigos dele, apreciavam-no o suficiente para lhe deixar escolher os temas. Esse foi o caso do presente quadro. Por isso, ainda que francês e famoso em seu país, ele preferia viver na Itália, longe da corte da França e das obrigações que lhe teriam sido impostas. Ele havia trabalhado lá por dois anos, sobrecarregado de encomendas oficiais, e isso já tinha sido mais do que suficiente para ele...

✴ Poussin ficou satisfeito com este quadro?

Era um de seus quadros favoritos. Ele sabia que tinha conseguido traduzir nele a profundidade de uma tragédia com a maior simplicidade. Descrevendo a intensidade das emoções mais pungentes, o que se chamava no século XVII as "paixões da alma", ele lhes opõe um ideal de razão rumo ao qual ele próprio sempre tendia: o rei Salomão encarna esse absoluto. Ele possui a capacidade de distinguir o verdadeiro do falso, de se elevar acima dos tumultos para determinar o bem. Poussin lhe prestou homenagem dando-lhe a silhueta de uma balança perfeitamente equilibrada, o atributo habitual da justiça...

A carta de amor

C. 1669-70, óleo sobre tela, 44 x 38 cm
Rijksmuseum, Amsterdam, Holanda
Johannes Vermeer (dito Vermeer de Delft, Delft, 1632 – *idem*, 1675)

15

+ Este quadro parece o interior de uma caixa.

Ele dá a impressão de que poderíamos facilmente entrar nele, como se estivéssemos andando numa casa. Estamos ali, um pouco escondidos na sombra e, ao chegar ao aposento seguinte, vemos que lá se encontram duas mulheres.

+ Quem são essas duas mulheres?

Não sabemos seus nomes, o quadro não se refere à vida de alguém em particular. Ele descreve com precisão objetos, um cenário e personagens, mas com o único objetivo de tornar mais verdadeira a história que nos conta.

+ O que elas estão fazendo nesse aposento?

Uma delas, sentada, segura um instrumento musical. Ela não está tocando nesse instante pois tem na mão uma carta. A outra mulher ficou de pé. Graças a isso, e sobretudo com base em seus trajes, compreendemos que existe uma diferença considerável entre elas. Uma é uma moça elegante e a outra é a criada. Esta última acaba de trazer a carta.

+ O que vemos de imediato é o vestido amarelo.

O pintor chama a atenção para a mulher sentada porque é ela quem recebe a carta. Essa carta foi escrita por alguém. Depois, alguma outra pessoa a pegou e levou até essa casa; por fim, ela chegou ao seu destino: às mãos da própria mulher. Tudo isso dá muita importância a esta última, e o modo como ela é iluminada indica-o bem: a luz de fora vem se refletir sobre seu vestido amarelo-ouro e faz suas pérolas brilharem.

+ A touca da criada é reluzente.

É o ponto mais luminoso da imagem, junto com sua gola e seu avental. Hoje em dia, essa personagem poderia figurar numa propaganda de sabão em pó. A boa conservação da casa está sob a responsabilidade da criada: o branco reluzente das roupas que ela veste é a melhor prova de sua eficácia. Pode-se confiar nela... Aliás, a Holanda do século XVII tinha a reputação de ser o país mais limpo da Europa. As casas, tão frequentemente lavadas de cima a baixo, estavam constantemente úmidas, de modo que os viajantes se queixavam de resfriados que contraíam por causa desse "estranho" hábito.

+ Há uma vassoura e um par de sapatos na passagem da porta.

A criada, que estava limpando o chão com muita água, deve ter deixado tudo lá. Compreendendo que a mensagem não podia esperar, ela interrompeu seu trabalho para entregá-la à patroa. Suas mangas estão arregaçadas; imaginamos seu gesto quando ela enxugou as mãos no avental e descalçou os tamancos...

✳ O que há no lado direito do quadro?

Uma cadeira forrada com veludo escuro, ornada com tachas douradas, sobre a qual foram deixados velhos papéis e panos de limpeza. A criada passou por lá mas não terminou de arrumar. Essa é uma parte escura do quadro, o pintor a esconde um pouco como que para dizer: "Entrem, não reparem na desordem." É claro que é nesse momento que a notamos... Vermeer nos mostra propositalmente algo que talvez não devêssemos ver...

✳ Para que serve a grande cortina?

Na realidade, serve para evitar as correntes de ar. A casa é fria e um guarda-porta de veludo grosso é uma boa maneira de se proteger. O pintor leva em conta aspectos da vida cotidiana e utiliza-os em sua pintura: levantando a cortina, ele deixa entrar o ar frio, mas também o olhar do espectador. Seu quadro torna-se, assim, um pequeno e indiscreto teatro.

✳ O que é o objeto escuro perto do cesto?

É uma almofada sobre a qual era posto o trabalho de bordado ou de costura. O grande cesto de vime contém talvez roupa para costurar... De toda maneira, a dona da casa não estava com cabeça para isso e deixou tudo de lado. Ignoramos em que ela estava pensando, mas naquele momento a música, sem dúvida, convinha melhor a seu estado de espírito que os trabalhos de agulha. O quadro a surpreende em sua intimidade, ela estava devaneando, melancólica... Foi assim que a criada a encontrou quando lhe trouxe a carta.

✳ O que representam os quadros que estão na parede?

São paisagens. A de baixo é uma marinha, nela vemos um barco sob um céu radiante. A outra mostra uma paisagem no campo, com alguém passeando e o tempo menos ensolarado. Na Holanda, naquela época, era costume ter quadros em casa, mesmo sem ser colecionador. A pintura fazia parte do mobiliário, do mesmo modo que outros objetos. Vermeer frequentemente mostra quadros em suas pinturas, para nos ajudar a imaginar o humor dos personagens. Aqui, compreendemos que o espírito dessa mulher não está presente, ele "viaja"...

✳ O que a carta contém?

Esse é o ponto crucial. Jamais saberemos. Ignoraremos também quem a escreveu... Mas o pintor semeou alguns indícios: a destinatária da carta, vestida com tanto apuro, cuida bem de sua aparência. Os quadros acima dela fazem eco a seus pensamentos que vogam longe de seus deveres domésticos. Depois de ter se apressado para entregar a missiva, a criada continua lá mais um pouco para observar a reação provocada... A música traduz a busca da harmonia... Tudo converge para nos fazer pensar que se trata de uma carta de amor...

✳ **Por que as duas mulheres não se falam?**

Nada deve ser dito. Nenhum nome, nenhum sentimento deve ser expresso em voz alta. A troca entre elas se dá pelos olhares, ela é tão secreta quanto o conteúdo da própria carta. Elas simplesmente prestam muita atenção uma à outra. Todos os quadros de Vermeer privilegiam tais momentos. Com ele, é o silêncio que conta, a maneira como ele cai subitamente porque um minúsculo acontecimento rompeu o curso normal das coisas... A música parou, elas se calam... Ficamos suspensos diante do quadro, poderíamos esperar eternamente que algo acontecesse e que a vida continuasse...

✳ **Por que todas as cores vivas estão no centro do quadro?**

As cores vivas designam o centro do quadro e são, ao mesmo tempo, o motor da história. A casa é um refúgio, é sólida e confortável. Mas são os seres vivos que criam no interior um núcleo de pensamento e de emoção. Com eles, com essas duas mulheres, tudo se põe a vibrar. O azul e o amarelo estão face a face, eles se respondem como o frio e o quente, como a escuridão e a luz. Eles dizem que as coisas mudam e que são um eterno recomeço. O sol brilha, a noite chega, os sentimentos da mulher é que dão as cartas, ela muda de ideia, ela se exalta ou se desalenta...

✳ **Por que o pintor empregou tantas linhas retas?**

A geometria dá ao quadro uma estrutura muito forte. Ela organiza a superfície e cria uma ilusão irresistível de profundidade. As linhas do chão conduzem automaticamente os olhos para os personagens. A alternância calculada das verticais e horizontais traduz a ordem e o equilíbrio. As duas mulheres encontram-se enquadradas pelas linhas da porta e da chaminé. Tudo está em seu lugar...

No entanto, no interior desses limites restritivos, algo irracional se produz. Nesse mundo tão racional, nada impedirá o coração da moça de fremir mesmo assim.

O colosso ou *O pânico*

1808-10, óleo sobre tela, 116 x 105 cm
Museo Nacional del Prado, Madri, Espanha
Francisco de Goya y Lucientes (Fuentetodos, Aragão, 1746 – Bordeaux, 1828)

16

✦ É um gigante!

O quadro intitula-se *O colosso*, o que quer dizer mais ou menos a mesma coisa. Esse colosso é maior que uma montanha e sua força deve ser extraordinária, pois ele tem músculos muito fortes.

✦ Como ele se chama?

Ele não tem nome. Ninguém sabe quem é ele. Vemos que parece estar enfurecido porque está de punhos cerrados, mas ignoramos por que e contra quem.

✦ De onde ele vem?

É impossível adivinhar. Talvez venha do outro lado da terra, ou então apareceu no céu, de repente. Metade de seu corpo emerge no horizonte: portanto, ele está bem longe. Mas, por causa de seu tamanho, parece estar pertinho... Não conseguimos situá-lo de fato.

✦ Será que ele vai se virar para nós?

Em todo o caso, ele dá a impressão de avançar. Nada diz em que direção, mas o importante é que percebemos que ele está andando. Não é uma imagem imóvel solta no espaço, ele é pesado, seus passos desarranjam as nuvens e fazem a terra tremer.

✦ Todo o mundo está fugindo.

Mal conseguimos distinguir os personagens, distantes e numerosos demais, mas podemos ver muito bem que estão fugindo. Há vários comboios, com carroças, pessoas a cavalo, rebanhos galopando sozinhos e aqueles que não têm outra saída senão ir a pé. O certo é que eles não seguem de maneira organizada, eles vão em todas as direções. Visivelmente, ninguém teve tempo de se preparar para o que quer que fosse.

✦ Por que o burrico não se move?

Os asnos têm a reputação de ser teimosos. Este, na parte de baixo do quadro, é um exemplo: todo o mundo foge apressado e ele não sai do lugar. A não ser que ele também esteja apavorado, e que seu medo o impeça de se mexer. Imaginamos o ruído das cavalgadas, os gritos, os choros. No meio de tudo isso, ele está como que paralisado.

✦ As pessoas têm alguma chance de escapar do colosso?

Ele poderia esmagar dezenas e dezenas delas com um único golpe. Mas será que o fará? O quadro não mostra nada além de uma ameaça, e isso talvez seja o pior: elas não sabem o que esperar. Mas é evidente que as chances não são iguais. Se ele passar ao ataque, as pessoas não terão nenhuma esperança de se defender.

✳ Será que estão fugindo de outra coisa?

É possível. Afinal, nada prova que esse colosso seja agressivo com elas. A causa de seu medo talvez seja outra, invisível para nós. Podemos até imaginar que o colosso, virado para o lugar que elas estão abandonando, está pronto para defendê-las. Se as pessoas vêm em nossa direção, talvez não seja para fugir dele, e sim porque ele retém lá atrás o que as ameaça...

✳ Do que essas pessoas têm medo?

Elas estão tão apavoradas que fogem sem levar nada ou quase nada (talvez nem possuam muita coisa para levar). Não se trata de algumas pessoas isoladas, mas ondas inteiras de habitantes que deixaram suas casas para se transformar em coortes de refugiados. Os telejornais mostram quase todo dia pessoas como as que Goya pintou... Elas não têm escolha, fazem o que podem para ficar vivas apesar das catástrofes e das guerras.

✳ Por que Goya não representou claramente a guerra?

Ele mostra um aspecto da guerra que vemos com menos frequência na pintura. Um pintor mostra geralmente as batalhas, os heróis e suas vitórias. Mas Goya escolheu outro ponto de vista, o das pessoas humildes. Elas não guerreiam ninguém, às vezes nem sabem por que a guerra acontece. São vítimas. Tudo o que veem, como nós diante do quadro, é que são obrigadas a fugir com a cabeça baixa, provavelmente sem rumo. Esse colosso é tão enorme que as pessoas nem conseguem vê-lo direito; ele domina-as como uma nuvem negra de tempestade. Elas têm de fugir sem compreender o que se passa.

✳ Por que Goya pintou uma criatura imaginária?

O quadro, assim, é mais complexo: esse colosso pode representar um perigo que amedronta as pessoas, pode simbolizar a guerra. Ele poderia, ao contrário, vir salvá-las de outro inimigo... Enfim, talvez ele não seja o que provoca o medo, e sim o próprio medo, um medo que submerge, que quase deixa louco. Por isso o quadro é também intitulado *O pânico*. Nos três casos, Goya pintou uma ideia, uma sensação, algo que resistia a qualquer descrição. Ele a traduziu através desse personagem ao mesmo tempo desconhecido e desmesurado.

✳ O pintor não detalhou a cena.

Ele trabalhou de uma maneira que, à primeira vista, parece brutal, com manchas de cor, pinceladas visíveis a olho nu. As pessoas fogem, a tinta é como elas, mal tem tempo de ser aplicada. Não pode demorar-se. Goya traçou seus personagens com um nervosismo que trai a fragilidade e a pressa que eles têm. Não passam de pessoas anônimas, a multidão. Não têm rosto. Jamais saberemos nada de suas histórias individuais. Quanto ao colosso, é trabalhado com pinceladas muito mais largas, como as nuvens que o envolvem. Sua força exprime-se tanto pelo movimento do pincel quanto por suas proporções.

✳ Goya pintou aqui um acontecimento específico?

Goya, provavelmente, faz alusão às campanhas de Napoleão, embora não saibamos se o colosso representa a ameaça francesa dirigida contra o povo espanhol ou o gênio da Espanha que vela sobre seu povo... Mas, admitindo que tenha pintado uma circunstância histórica específica, ele o fez sem dar nenhum detalhe. Ele extrai daí uma verdade geral, um comentário sobre todas as guerras. Seu quadro poderia aplicar-se a qualquer catástrofe, de qualquer época e em qualquer lugar.

✳ Como é possível que o tema deste quadro seja tão incerto?

Se Goya tivesse pretendido pintar uma imagem absolutamente clara, teria feito sem dificuldade. A incerteza que ela suscita não se deve a alguma falha de sua parte. Ao contrário, constitui uma de suas riquezas. A realidade aqui é abordada no que ela tem de incompreensível. Qualquer um, num dado momento, pode se ver mergulhado em algo que o desconcerta. Os personagens de Goya, em sua confusão, já não pensam: só funcionam por reflexos. A emoção supera a razão. O espectador do quadro participa melhor quando tem consciência de sua própria incapacidade de decidir: o colosso é aliado ou inimigo? A única verdade é o medo.

✳ Goya é famoso por temas dramáticos?

Quando era mais novo, pintou cenas da vida cotidiana alegres e leves: eram os cartões de tapeçarias (modelos para a realização de tapeçaria), encomendados pela família real. Ele também foi um dos maiores retratistas de sua época. Mas a dimensão dramática do *Colosso* é efetivamente uma das forças maiores de sua obra. Goya foi um dos primeiros a materializar aquilo que não tem forma, por exemplo, o medo. Antes dele, certamente se representavam criaturas invisíveis como os deuses, os anjos ou os demônios. Ao respeitar os códigos, todos estavam mais ou menos de acordo sobre a aparência a lhes dar. Uma figura como o *Colosso* não tem equivalente. É a projeção de uma angústia que abole a fala. Goya inventou imagens que bebem no mais profundo do humano e, por isso, escapam à história. Ele pintou aquilo que as palavras não sabem nomear.

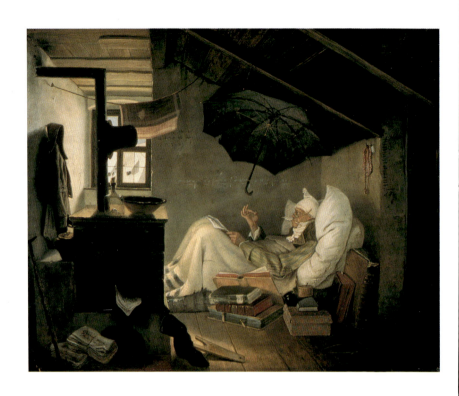

O poeta pobre

1838, óleo sobre tela, 36,2 x 44,6 cm
Neue Pinakothek, Munique, Alemanha
Carl Spitzweg (Munique, 1808 – *idem*, 1885)

✦ Esse homem está vestido na cama!

Quando nos deitamos vestidos é porque está realmente frio: pela janela avistamos os telhados cobertos de neve. Esse homem tomou o cuidado de vestir uma touca de dormir. Hoje em dia, já não usamos essa peça, mas era útil naquela época: as casas eram mal aquecidas.

✦ Por que ele está deitado durante o dia?

Aparentemente, ele não tem nem poltrona, nem cadeira, nem banco. A não ser que se sente no chão ou fique de pé, não tem tanta escolha. Já que tem de ficar na cama, é melhor entrar debaixo do cobertor, assim fica mais quente.

✦ O teto do quarto é inclinado.

O homem mora sob o telhado, no que chamamos mansarda ou água-furtada. Não é nem muito grande, nem muito confortável. Vemos a porta de entrada à direita, uma enorme estufa do outro lado e uma janelinha ao fundo. Para fazer a higiene ele só tem uma pequena bacia e pendura a toalha para secar num fio. Um prego na parede lhe basta para pendurar o casaco...

✦ Acima da cama há um guarda-chuva.

Ele o prendeu ali com cordinhas porque há buracos no teto que deixam passar a chuva. O conserto das goteiras seria certamente mais eficaz, mas também caro demais para ele. Então, ele se vira com os meios que tem à mão, cuidando para não bater a cabeça no cabo do guarda-chuva.

✦ O guarda-chuva está rasgado.

Esse velho guarda-chuva remendado já foi muito usado; ele está rasgado de um lado; do outro, uma haste sai para fora... Mas ainda é utilizável. Deve fazer muito tempo que esse homem não compra nada de novo. Seu cobertor está esgarçando e o casaco tem um furo no cotovelo.

✳ Por que ele não acende a estufa?

É preciso madeira para fazer fogo, e ele não tem como comprar. Já queimou o que podia para se aquecer, o que explica por que ele já não tem cadeira, nem mesa e nem mesmo cama (seu colchão está diretamente no chão). Tudo virou fumaça. Agora não lhe resta mais nenhum móvel.

✳ O que ele está fazendo?

Está pensando no que vai escrever. O título do quadro nos informa que se trata de um poeta, e nós o vemos trabalhando. Ele tem folhas de papel sobre os joelhos e prendeu sua pena de ganso entre os dentes; o tinteiro quase vazio está sobre uma caixa ao lado dele. Com a outra mão, ele conta nos dedos o número de pés (sílabas) que tem em mente para compor um poema bem equilibrado... Mas também é possível que esteja dando um piparote para expulsar uma pulga.

✴ **Por que ele é tão pobre?**

Seu ofício de escritor não é um trabalho regular que lhe permita ganhar a vida adequadamente. Ele não está empregado em nenhum lugar. Depois de escrever seus poemas, precisará encontrar um jornal que aceite publicar ao menos um deles. Isso não acontece com frequência e rende muito pouco dinheiro, no melhor dos casos apenas o suficiente para comer.

✴ **Ele só tem mesmo uma bota?**

Não, simplesmente só enxergamos uma, que está jogada no primeiro plano do quadro. Imaginamos que ele a deixou no lugar em que a retirou, pois ela está do lado da descalçadeira (é o objeto de madeira no chão: prendia-se o salto na pequena abertura e tirava-se a perna da bota). A outra bota deve estar em algum canto, onde o poeta a terá deixado cair, sem prestar mais atenção a ela do que à primeira: o pintor nos mostra que seu personagem tem a mente ocupada com outra coisa e não com os detalhes do cotidiano. É um artista, seus poemas lhe importam muito mais que o alinhamento dos sapatos...

✴ **Seus livros estão no chão.**

São grandes volumes encadernados com couro, bem velhos, que ele empilhou no chão, já que não possui estante. Aliás, assim é mais cômodo, ele não precisa sair da cama para pegá-los. Pode dedicar o essencial de seu tempo a ler, a estudar e a escrever suas próprias obras. Seus livros com certeza são preciosos para ele; além das roupas, são claramente tudo o que possui.

✴ **Vemos maços de papéis perto da estufa.**

São seus manuscritos. Sem dúvida, ele os jogou ali ao entrar em casa; sua bengala está encostada na parede, perto deles. Diríamos que ele não tem muito cuidado com esses papéis... É possível que vá utilizá-los para acender seu próximo fogo, algumas folhas já estão dentro da estufa. Se seus poemas não o fazem ganhar dinheiro, pelo menos podem servir para mantê-lo aquecido.

✴ **Apesar de sua situação, o personagem não parece desesperado.**

O fato é que o pintor não procurou passar uma imagem da miséria. Ele descreve seus sinais materiais, o teto com goteiras, a ausência de móveis, a estufa apagada, mas isso funciona como uma espécie de cenário. É uma visão idealizada da pobreza: ele a mostra como um inconveniente sem consequências, não como fonte de aflição. Ele até insiste na maneira como o poeta se desdobra para tirar vantagem de tudo. A estufa está fria? É então perfeita para pendurar o chapéu. Não há estante?

Melhor assim, já não é preciso se levantar para escolher um livro. Não há mais nada para queimar? É uma excelente oportunidade para se livrar de velhas papeladas...

✳ **Naquela época era comum um poeta viver assim?**
Era muito difícil, se não impossível, viver unicamente de sua pena. Mas o personagem de Spitzweg é manifestamente um sonhador... A maior parte do tempo, um escritor trabalhava como professor ou então num escritório, e dedicava o restante à escrita. Mesmo mínimo, seu salário lhe garantia assim o teto e o cobertor. Dedicar-se inteiramente a sua arte como nosso "poeta pobre" seria talvez mais nobre, mas na realidade essa nobreza não impede de ter fome... Spitzweg sabia disso muito bem, pois só graças a uma herança ele teve a chance de poder se consagrar à pintura. A situação não mudou tanto hoje. Poucos autores teriam recursos para escrever sem exercer, paralelamente, outra profissão...

✳ **Este é um quadro até que divertido, o que não costuma ser o caso.**
Na história da pintura, é verdade que esses temas são bastante raros. No conjunto, a vocação dos quadros não era fazer rir, mas inculcar noções religiosas ou morais, transmitir um saber. Assim, no século XVI, e mais ainda no século XVII, os pintores flamengos tinham uma abordagem um tanto quanto humorística de alguns temas observados na vida cotidiana: a desordem de uma festa de família, os efeitos da glutonaria ou dos excessos de todo tipo... As intenções de Spitzweg são certamente menos satíricas, e percebemos certa ternura por seu personagem: afinal, também ele vivia numa água-furtada, em Munique... O pintor se limita a observá-lo sem se aproximar demais, como faríamos com alguém ligeiramente excêntrico cujos pequenos hábitos esquisitos respeitamos.

✳ **Este quadro fez sucesso?**
Sim, esta obra sempre agradou, despertando no século XIX o mesmo tipo de simpatia que agora. Seu encanto vem em parte do fato de que combina uma visão cotidiana com um total idealismo: recebemos a melhor parte dos dois. O aspecto mais familiar é agradável porque permite que nos projetemos no quadro, que nos imaginemos no lugar do poeta que, no fundo, só faz o que lhe agrada. O outro aspecto produz igual satisfação porque propõe uma versão bastante suavizada, glorificada das dificuldades concretas. Nada parece realmente grave, os problemas esperarão... Ao olhar o poeta de Spitzweg, quase nos convenceríamos de que é possível viver, como se diz, "de sombra e água fresca"...

*Chuva, vapor e velocidade.
A estrada de ferro Great Western*

Anterior a 1844, óleo sobre tela, 91 x 122 cm
National Gallery, Londres, Inglaterra
Joseph Mallord William Turner (Londres, 1775 – *idem*, 1851)

✦ Não se vê quase nada.

É verdade, o quadro está repleto de neblina. Quando olhamos para ele, mergulhamos nas cores, elas nos envolvem, como algodão. Sentimo-nos um tanto perdidos, há muito pouca coisa em que se apegar para encontrar um caminho.

✦ A estrada é bem reta.

Na verdade, trata-se de um viaduto. Compreendemos melhor quando avistamos a segunda ponte à esquerda, mais distante e mais nítida, pois vemos que ela se sustenta sobre grandes arcos. Na ponte escura do primeiro plano, vislumbramos a linha dos trilhos e, sobretudo, vemos a locomotiva chegando. A extremidade final do trem no fundo do quadro ainda é invisível.

✦ Há um barquinho do lado esquerdo.

Ele é importante para justamente deixar claro que aquilo é água e não terra firme. Do contrário, não ficaria tão claro. E, como ele é bem pequeno, supomos que esteja muito distante: sabemos então que o quadro representa um vasto espaço.

✦ Diríamos que há uma bola de fogo no meio do quadro.

É um efeito de luz. O sol reflete-se na água e brilha tanto que parece que tudo pegou fogo. Turner gostava de pintar esse tipo de luz, quando as coisas são tão luminosas que temos a impressão de que fazem nossos olhos arder. Não reconhecemos quase nada.

✦ É como se o quadro estivesse quase apagado.

A chuva e o vapor da locomotiva embaçam a paisagem. O trem passa tão rápido que não temos tempo de ver grande coisa dele. Para representar essa atmosfera especial em que tudo se mistura, o pintor trabalhou com grandes quantidades de cor, sem estabelecer nenhum contorno. As longas pinceladas que varrem o céu dão a ilusão da chuva. Imaginamos muito bem o que os passageiros percebem pelas janelas do trem: formas vagas que desfilam, as gotas de água nas vidraças, o vento assobiando.

✦ Por que foi escolhido esse tema?

O trem era, na época, uma coisa completamente nova. Nunca antes se teria acreditado ser possível viajar assim e tão rápido. Parecia mágico. Todo o mundo estava completamente admirado diante da potência e da eficiência dessas máquinas. Ao pintar um trem, Turner não representa um simples objeto, ele pinta o verdadeiro astro da época. Dois anos antes, a rainha da Inglaterra, Vitória, havia inaugurado pessoalmente essa linha ferroviária.

✷ Por que o pintor não mostrou o trem inteiro?

Não teria sido tão excitante descrevê-lo de uma maneira documental. Turner preferiu criar um efeito de surpresa, como se estivéssemos realmente lá no momento em que o trem chega: ainda não sabemos o que está acontecendo, ouvimos um estrondo, uma nuvem de vapor aparece e, de súbito, uma grande coisa negra e brilhante irrompe do nada... É a locomotiva!

✷ O fundo da imagem é completamente nebuloso.

A chuva impede que vejamos o horizonte, o vapor da locomotiva também, junto com a neblina. O quadro ganha uma dimensão misteriosa: não vemos de onde sai a ferrovia, ela surge diretamente do horizonte, ou seja, do próprio céu. Turner conhecia o itinerário desse trem, que de Londres se dirigia a Bristol, mas, ao pintá-lo assim, deixou-o mais impressionante, quase sobrenatural.

✷ Há personagens neste quadro?

Sim, à esquerda da ponte, alguns acenam à passagem do trem. Outros se encontram a bordo do barquinho no Tâmisa; na parte direita do quadro, um camponês trabalha a terra. O pescador e o lavrador representam o mundo das tradições, eles trabalham como já se fazia na Idade Média. O trem, ao contrário, pertence ao mundo moderno, à nova era da indústria. Ele é barulhento e veloz. A imagem põe em paralelo os dois modos de vida, sem contudo opô-los. A estrada de ferro integra-se à paisagem e não perturba os hábitos antigos. Cada um segue seu caminho num mundo que não cessa de mudar...

✷ A que velocidade corria o trem?

Segundo medidas realizadas no ano anterior à execução do quadro, em 1843, ele atingia numa descida cerca de 120 km/h. Para a época, essa já era uma velocidade considerável, um recorde na Europa. No entanto, Turner pintou um coelho fugindo na frente da locomotiva: embora pequenino e tão miúdo diante da máquina, ainda é ele que vence em rapidez (pura fantasia do artista, pois um coelho não ultrapassa os 70 km/h). Podemos imaginar se Turner não estaria caçoando do trem, a não ser que ele tenha simplesmente pensado em duas maneiras diferentes de perseguir o mesmo objetivo: expandir seus próprios limites.

✷ Era comum pintar ferrovias naquela época?

Não, elas eram admiradas como realizações técnicas, sem necessariamente se tornar um tema interessante para um quadro. Para certos artistas, os trens tinham até algo de aterrador e repulsivo. Quanto ao público, apreciava sobretudo os quadros que contavam histórias, ou as paisagens bem calmas, nas quais dava vontade de passear ou repousar. O quadro de Turner era, portanto, uma exceção, algo muito audacioso. Cerca de 25 anos mais tarde, também Monet pintará trens, que começavam a ser usados na França.

✳ Turner viajava muito?

Sim, por toda parte da Inglaterra, e também da Itália, em Veneza. Ele aproveitava suas numerosas viagens para anotar precisamente numa caderneta o tempo que fazia, as cores do céu conforme as diferenças de temperatura. Ele seguia de perto as variações da meteorologia, e seus quadros transmitem esses dados. Sua vontade de pintar a verdade das sensações era tal que ele não recuava diante de nenhum obstáculo: certo dia, foi para o mar durante uma forte tempestade, para se informar o melhor possível sobre o que se enfrentava em situação semelhante. Amarrou-se no mastro de um barco, onde teve de ficar durante quatro horas...

✳ Com exceção da ponte, não há linhas neste quadro.

O viaduto de Maidenhead tinha acabado de ser construído. Foi o engenheiro da companhia da estrada de ferro Great Western que o realizou em 1839, e Turner, naturalmente, destacou-o como testemunho do progresso industrial. Sua forma corresponde também a um dos aspectos significativos de seu trabalho: professor de perspectiva na Academia Real de Belas-Artes durante muitos anos, ele ensinava a seus alunos como criar a ilusão de profundidade, utilizando, por exemplo, diagonais. O motivo principal dessa pintura fornece o modelo perfeito para isso.

✳ O título do quadro é formulado de maneira incomum.

Em vez de nomear somente os objetos como o viaduto ou a locomotiva, o título enuncia o que impede de enxergá-los direito: a chuva, o vapor, a velocidade. O título faz mais que descrever a imagem, ele constitui seu modo de usar: de início vemos mal (chuva, vapor, velocidade), em seguida situamos o tema (a ferrovia).

Além disso, ele indica três direções bastante precisas no espaço. Uma vertical que desce (a chuva), outra que sobe (o vapor) e uma horizontal que as atravessa (a velocidade). Toda a imagem assenta nesse encontro de energias opostas, nessa sensibilidade aos contrastes.

✳ Parece uma aparição.

As cores flutuam, desligadas do mundo terrestre, ou quase. O pintor conseguiu conciliar o rigor de suas observações com a irrealidade dos sonhos. Nós nos deixamos levar pelo quadro como que por uma nuvem... Perdemos o pé. Turner gostava de provocar essa sensação. Quando recebia visitas em seu ateliê, primeiro fazia-as esperar num cômodo escuro, o tempo de deixá-las na condição desejada. Depois, quando seus olhos estavam acostumados com a sombra, conduzia-os para a frente de uma de suas pinturas... As pessoas ficavam, então, deslumbradas com a suntuosidade das cores, como cegos que tivessem subitamente recuperado a visão. Olhar um quadro tornara-se uma revelação.

O almoço

C. 1873-74, óleo sobre tela, 160 x 201 cm
Musée d'Orsay, Paris, França
Claude Monet (Paris, 1840 – Giverny, 1926)

19

✦ Que dia bonito!

Monet gosta de pintar a luz do sol. Ele instalou-se no jardim, depois do almoço. A mesa ainda não foi tirada, restam copos de vinho, um pouco de pão, frutas. Não há pressa... A bela cafeteira de prata ainda está lá, com as xícaras. O café deve ter esfriado...

✦ Quem é a criança brincando?

É Jean, o filho do pintor, que está sentado no chão à sombra; não vemos exatamente o que ele está fazendo, mas parece um jogo de construção. Ele está concentrado, dedicado. Não dá nenhuma atenção ao pintor que o observa. Cada um trabalha à sua maneira. É um momento bem calmo.

✦ Vemos mulheres ao fundo.

Todos se levantaram para dar uma caminhada. De tempos em tempos, a mãe deve dar uma olhada em Jean, sem perturbá-lo. Por isso, as mulheres não se afastam muito. Vendo-as tão pequenas atrás dos canteiros de flor, percebemos que o jardim é que é grande.

✦ Alguém esqueceu o chapéu.

Talvez tenha sido pendurado ali porque tinha caído, e depois por lá ficou. O sol já não está tão forte... A sombrinha foi deixada perto de um cesto no banco de madeira. Está bastante claro, mas já não deve fazer tanto calor. Aliás, o ar — não propriamente vento, e sim uma leve brisa — agita suavemente as fitas do chapéu.

✦ Não há cadeiras em volta da mesa!

É possível que as pessoas tenham vindo ao jardim só para o café; assim, podiam sentar-se tranquilamente no banco. Ou então o pintor deixou de desenhá-las para não encher o quadro com linhas e ângulos demais. Na vida, as cadeiras são necessárias, mas num quadro podemos dispensá-las.

✦ Este quadro não conta absolutamente nada.

É exatamente isso que Monet queria: mostrar um momento em que tudo corre bem, em que nada de especial acontece. As pessoas passeiam, descansam, conversam. Se entrássemos no quadro, nos sentiríamos bem ali, não encontraríamos nada de incomum, é a vida simplesmente.

✦ Por que não vemos ninguém à mesa se o quadro se chama *O almoço*?

É verdade, o título não descreve a imagem com exatidão. Ele não mostra a refeição, mas o que vem depois, a atmosfera ligada ao almoço, as sensações que vão e vêm. Também não é usual pintar a mesa vazia no centro. As figuras estão dispersas... Mas sabemos que essa mesa pode agrupá-las. Ela dá a ideia da família que se reúne em torno dela, mesmo que agora as pessoas não estejam lá.

✳ Há muito branco no quadro.

Monet deu um papel muito importante à toalha de mesa, é ela que concentra a luz: ainda que não vejamos o céu, o quadro é radiante de sol. Os vestidos das mulheres lá atrás desempenham o mesmo papel em escala menor, para o fundo da imagem. Aliás, o mais impressionante é que aquele branco é na realidade composto de muitas cores: rosa, azul, violeta... Todos os reflexos vêm se misturar e, no entanto, sim, continua sendo branco...

✳ Monet pintou mesmo no jardim?

Sim, para ele, as coisas deviam ser pintadas no local em que se encontravam. Portanto, se ele queria representar uma vista do jardim, ele instalava-se no jardim. Antes dessa época, o costume era trabalhar no interior, num ateliê, independentemente do tema. Os pintores dispunham assim de todo o tempo, mas a iluminação não tinha nada a ver com a luz de fora. Monet observava as coisas no próprio local, na natureza, para pintá-las passo a passo.

✳ O que muda pintar ao ar livre?

Muda tudo. O pintor é incomodado por tudo o que se move. O dia passa rápido e o tempo muda. Estava um dia bonito, e depois o tempo fecha, o céu se cobre, e assim por diante. É preciso esperar para reencontrar a gama de cores, a luz na qual havia começado. Às vezes, o sol é tão forte que incomoda os olhos. Tudo evolui rápido, é preciso aplicar a cor sem hesitar, senão será tarde demais, o motivo escolhido já não existirá: lá havia um raio de sol entre duas nuvens, e, de repente, as nuvens avolumam-se, e não há mais nada.

✳ Monet pintava muito rápido?

Menos do que parece. Sem dúvida, ele teria preferido pintar tão rápido quanto o que se produzia em volta dele: uma nuvem mudando, uma fita esvoaçando, um reflexo flutuando... Mas era impossível. Monet passava muito tempo observando, ele treinava os olhos. O mais difícil era dar a ilusão de que tudo tinha aparecido na tela num só instante. Ele trabalhava por muito tempo para aplicar nem que fosse uma única pincelada...

✳ Por que o pintor mostrou formas imprecisas?

Quando olhamos alguma coisa, na maior parte das vezes, como aqui, só temos uma visão geral. É absurdo acreditar que podemos ver, por exemplo, as folhas de uma árvore uma a uma com suas formas exatas. Percebemos uma massa geral, de cores. É isso que Monet quer traduzir. Abstendo-se de traçar contornos precisos, ele se recusou a enganar sobre o que via.

✹ **É mais fácil fazer formas vagas do que desenhar.**

Não, é apenas outra maneira de trabalhar. Desenhar com minúcia permite descrever um objeto: da rosa que está sobre a mesa, por exemplo, seríamos capazes de enumerar todos os detalhes, detectar as ínfimas nuances das pétalas, das folhas. Mas outra opção é possível: pintar as coisas como elas parecem ser, e não como são. Nesse caso, a mesma rosa se resume a uma massa de cor, nada mais. No entanto, podemos jurar que é uma rosa. E é este o desafio de Monet: apreender o essencial de uma aparência que o olhar resvala...

✹ **Outros pintores além de Monet pintavam ao ar livre?**

Monet foi um dos primeiros a trabalhar sistematicamente ao ar livre. Mas seus colegas Sisley e Renoir também o fizeram, assim como Pissarro e outros artistas. Eles se beneficiaram de uma novidade: as tintas em tubo, fáceis de transportar. Isso com certeza os estimulou. Além disso, as pessoas estavam descobrindo as ferrovias. Do trem, com a velocidade, a paisagem parecia diferente, embaralhada, eles já não tinham tempo para ver tudo. Monet e os outros pintaram essas novas sensações.

✹ **Por que dizem que Monet é um "impressionista"?**

No começo, era uma zombaria: em 1874, ele tinha exposto um quadro, *Impressão, nascer do sol*, em que só se viam formas bem imprecisas: daí o termo "impressionista". Para muitos, esse quadro era a prova de que Monet não sabia desenhar, que oferecia ao público uma pintura mal-acabada (naquela época, "impressão" significava também "esboço"). Ninguém suspeitava que, com ele, toda a pintura iria mudar, que dali em diante ela se ocuparia das coisas ínfimas, tão frágeis, tão voláteis quanto uma "impressão" efêmera...

✹ **Hoje todo o mundo gosta da pintura dos impressionistas.**

Não era esse o caso na época. O público preferia admirar grandes feitos, celebridades, paisagens espetaculares, no mínimo, ficar sabendo de alguma anedota... Mas, hoje, para nós é tranquilizador ver esses momentos da vida cotidiana. Todo o mundo já viveu um dia ensolarado, um almoço em família, um passeio. Quando olhamos um quadro como este, mesmo que seja pela primeira vez, ele é imediatamente familiar. Não há nada a compreender, nenhum conhecimento a questionar, não nos sentimos nem ignorantes nem desorientados, sentimo-nos em casa.

As passadeiras

C. 1884-86, óleo sobre tela, 76 x 81 cm
Musée d'Orsay, Paris, França
Edgar Degas (Paris, 1834 – *idem*, 1917)

✦ O que essas mulheres estão fazendo?

Estão ocupadas em sua atividade de passadeiras de roupa. Elas estão numa lavanderia, um local onde se levam roupas para lavar e passar.

✦ Não há máquina de passar roupa?

Na época em que viviam, tudo era feito a mão; os ferros elétricos ainda não existiam. Os ferros tinham de ser aquecidos numa estufa (a forma escura, atrás). Em seguida, pegava-se o ferro embrulhando o cabo, também este ardendo, com um pedaço de pano para não se queimar. Eram usados sempre muitos ferros ao mesmo tempo: assim que um deles esfriava, era trocado por outro bem quente...

✦ Uma das mulheres está bocejando.

Ela está cansada, então para um pouquinho. Depois de ficar debruçada o dia inteiro, tem dor nas costas, seu pescoço está tenso, ela precisa se espreguiçar. Talvez esteja com sono depois de muitas horas de trabalho. Faz um calor terrível no aposento, a atmosfera deve ser sufocante perto da estufa. Isso dá sono.

✦ Por que ela segura uma garrafa?

Poderíamos pensar que ela vai beber. Na realidade, ela precisa da água para umedecer a roupa. Borrifá-la quando está seca demais facilita o trabalho. Ela certamente se prepara para encher de água a tigelinha vermelha.

✦ A que está passando aperta com bastante força.

As roupas não eram fabricadas com materiais sintéticos. A camisa que ela está passando, de linho ou talvez de algodão, está muito dura. É preciso passá-la com toda a força, com as duas mãos, para obter algum resultado. E, como o ferro é bastante pesado (alguns chegavam a ter até três quilos...), ele não desliza muito bem, é difícil de manusear.

✦ Elas não estão muito bem vestidas.

Essas mulheres muito simples usam roupas modestas, de tecido grosso. O que conta mais é a harmonia das cores. O rosa, o alaranjado são cores agradáveis, as mulheres são graciosas. E o conjunto produz uma sensação de calor que é importante para captar a atmosfera.

✦ Essas mulheres pediram ao pintor para retratá-las?

Não, encomendar um retrato não teria nunca vindo à cabeça delas. Aliás, elas não teriam meios de pagar por um quadro. Eram pobres demais. Por outro lado, no final do século XIX, os pintores não trabalhavam apenas sob encomenda, eles escolhiam seus próprios temas. Uma pintura dessas não é exatamente um retrato: Degas não se interessava por essas mulheres como pessoas, quase não vemos nada de sua fisionomia. Ignoramos até seus nomes.

✳ Por que Degas as pintou?

Degas gostava de observar os gestos, o modo particular como as pessoas ficam numa determinada circunstância ou para realizar uma tarefa precisa. Ao observar atentamente as passadeiras, ele teve a ideia de representar algumas de suas atitudes. Não era habitual vê-las nos quadros antigos simplesmente porque não se mostravam pessoas ocupadas em tais atividades...

✳ Por que elas não olham para nós?

Elas pensam que estão sozinhas. Degas dava um jeito para representar as pessoas sem fazê-las posar. Temos a impressão de que elas nem sabem que o pintor está lá. Sua maneira de ser permanece espontânea. Elas não se preocupam em ter um porte elegante ou gracioso.

✳ Ele teve de ser rápido para conseguir pintá-las sem que elas notassem.

A cena dá a impressão de ter sido captada ao vivo, mas na realidade este quadro exigiu muito tempo. Degas fazia primeiro vários estudos, desenhos... A pintura é a última etapa de um longo trabalho. Com o tempo, as passadeiras acostumaram-se a vê-lo desenhar e esqueceram sua presença. Ele tinha até se documentado a respeito da técnica de passar roupa, sobre os gestos precisos que elas sabiam executar, à maneira de um fotógrafo ou de um repórter que, atualmente, filma as pessoas durante dias inteiros... Elas ficam intimidadas no começo e depois ocupam-se de suas atividades e já não pensam nele...

✳ Degas pintou outras atividades?

Ele pintou muitas e muitas vezes as dançarinas da Ópera que ele ia ver trabalhar, ensaiar mil vezes os mesmos exercícios. Elas lhe forneceram uma grande quantidade de temas. Ele as representava às vezes descansando, quando elas estavam com os pés doloridos, quando ajustavam as fitas de uma sapatilha. As dançarinas têm uma maneira bem própria de manter a postura, de se abaixar sem dobrar os joelhos. Para ele, era apaixonante descobrir que um corpo pode ser tão expressivo, tão revelador quanto um rosto.

✳ Por que este quadro não parece terminado?

Esse é quase sempre o caso na obra de Degas. Os pequenos detalhes o enfastiavam, pareciam-lhe supérfluos e insignificantes: a imagem tinha de ficar flutuante, em movimento. Para alguém que era continuamente cativado pelos gestos, isso adquiria um significado importante. Ele próprio admitia estar sempre com pressa, impaciente... Este quadro tem um aspecto enevoado, como se nos encontrássemos de fato junto a essas mulheres, nesse aposento ultra-aquecido.

✳ Por que a tinta não cobre toda a tela?

A tela bruta transparece por todo o lado como se a tinta tivesse dificuldade de se espalhar. Degas encontrou o melhor meio de traduzir seu tema: as passadeiras lidam com tecidos que resistem; logo, ele insiste na presença da tela, deixando-a visível. Sem que tenhamos necessidade de pensar nisso, a realidade do material associa-se a nossa percepção da imagem. Ela se impõe automaticamente ao espírito. A cor poderia ser lisa, fluida; ela é grumosa e seca. Só de olhar para ela, como as passadeiras, ficamos com dor nos braços e com sede...

✳ Degas mostra poucas coisas.

Limita-se a sugeri-las. Ele, que de costume emprega telas refinadas, escolheu para este quadro um suporte bruto, grosseiro, já que o que ele pinta fala de esforço e de miséria. Não sabemos nada das pilhas de roupas que essas mulheres têm para passar, mas basta que a camisa transborde do quadro para dar a certeza de que a tarefa é dura: não vemos o seu fim. E sabemos que a mulher bocejando voltará logo ao trabalho: o triângulo de seu lenço faz eco à silhueta da mulher que está passando...

✳ Por que Degas pintou duas mulheres?

Isso lhe permite aprofundar o tema. Com essas duas mulheres, ele descreve, na verdade, dois momentos sucessivos de uma mesma ação. Poderia ser a mesma pessoa pintada duas vezes. Suas atitudes são complementares: uma está crispada sobre o tecido, a segunda espreguiça. Olhando-as uma depois da outra, compreendemos que elas representam as duas possibilidades extremas da respiração, como um vaivém. Acabamos até por sentir a respiração ofegante delas.

✳ Seus quadros agradavam ao público?

Muitas pessoas ficavam surpresas com seus temas, que consideravam pouco elegantes. Ficavam até chocadas pela maneira como ele mostrava as mulheres, sem nenhum decoro. Mas acabou-se por apreciar a verdade dessas pinturas que se abriam às realidades da vida moderna e que deixavam para trás as histórias idealizadas dos sempiternos heróis gregos ou romanos. Aliás, nos quadros de Degas se encontravam as mesmas situações que nos romances contemporâneos de Émile Zola.

O quarto de dormir

Outubro de 1888, óleo sobre tela, 72 x 90 cm
Rijksmuseum Vincent van Gogh, Amsterdam, Holanda
Vincent van Gogh (Groot Zunder, Brabante, 1853 – Auvers-sur-Oise, 1890)

21

✦ De quem é esse quarto?

É o quarto do pintor, Vincent van Gogh. Naquela ocasião ele morava em Arles, uma cidade da Provença, no sul da França.

✦ É um quarto bem-arrumado.

Vincent estava muito contente de morar num lugar como aquele, ordenado, porque antes ele tinha vivido principalmente em albergues, sem se instalar de fato. Ao pintar esse quarto em que tudo está no lugar, ele mostra que agora decidiu cuidar de si mesmo, ele se organiza de maneira adequada.

✦ O quarto tem cores bonitas.

Na Holanda, onde o pintor nasceu, nem sempre faz tempo bom. Ele tinha vindo à Provença em busca do sol, e para ele era magnífico viver num quarto tão claro, tão radiante de cores. Não enxergamos muito bem através da janela, mas sentimos que há muita luz.

✦ Não há muitos móveis.

Só as coisas indispensáveis: Vincent tinha muito pouco dinheiro, seus móveis são simples, de madeira clara. Naturalmente há uma cama, e também duas cadeiras, o que é prático para receber uma visita. E, naquela época, não havia banheiro: ele se contentava com uma pequena bacia e uma jarra de água para se lavar, sobre a mesa. Sua toalha está pertinho, ao lado do espelho, pendurada num prego.

✦ Há quadros nas paredes.

Vincent passava o tempo todo pintando, é o que ele mais gostava de fazer no mundo. Para ele, era impensável viver num lugar sem quadros. São os que ele pintou que estão pendurados: na parede da direita, dois retratos de amigos e, abaixo, provavelmente desenhos (vemos a borda do papel). Na parede do fundo, ele pôs uma paisagem. Isso representa os diferentes aspectos de seu trabalho.

✦ A cama de casal significa que o pintor é casado?

Não, ele não é casado, mas bem que gostaria de ser. A cama de casal é sua maneira de dizer que está pronto para casar se encontrar alguém. Ele vive sozinho; então, de certo modo, arranja uma casa que já estaria preparada para receber uma família... Nunca se sabe.

✶ Por que a maioria dos objetos aparece aos pares?

Há duas cadeiras, dois travesseiros, dois retratos na parede, dois desenhos e até duas portas. Nesse quarto só vive ele, mas, multiplicando essas coisas por dois, talvez ele se sinta menos solitário.

As paredes parecem um pouco tortas.

A parede do fundo não é muito reta. O quarto ocupava o canto da casa e, naquele lugar, ela se inclinava um pouco. Num outro quadro, Van Gogh representou essa casa, a "Casa amarela", vista de fora. Ali vemos muito bem esse detalhe.

Nada sugere que esse é o quarto de um pintor.

Não podemos saber, porque ele não mostra seu material de pintura. Não há nada espalhado, nem mesmo uma caixa num canto, ou um pincel. Ele trabalhava ao ar livre durante horas e horas todos os dias (vemos seu jaleco e seu chapéu de palha ao fundo). Esse quarto, ao contrário, era feito para relaxar. Lá, ele podia, por fim, esquecer seu cansaço, reconfortar-se, dormir em paz. Ele queria que seu quadro exprimisse essa ideia do repouso.

Não há muitas cores diferentes.

Van Gogh buscava as imagens mais intensas, mas também as mais diretas, então escolhia apenas algumas cores bastante contrastadas, o azul e o laranja, o verde e o vermelho, que dão uma grande força à sua imagem. Esta é como um concentrado de energia. Ele suprimiu as sombras que talvez diminuíssem o vigor do quadro. A cor da moldura também desempenharia um papel: ele queria uma moldura toda branca, para compensar a vivacidade do conjunto.

É um quadro muito simples.

As coisas pintadas são banais, as cores, chapadas, sem meias-medidas. Ele queria que suas pinturas fossem facilmente compreensíveis. Isso não significa que ele tenha pintado um mundo sem complicações: a silhueta dos objetos é fácil de ser seguida; em geral, ele utiliza um traço grosso. Mas, no interior das coisas, nada é calmo: a pintura é bastante espessa, as pinceladas se superpõem. Os móveis também estão dispostos de maneira curiosa: as duas portas estão bloqueadas, seja por uma cadeira, seja pela cama. Não deve ser tão cômodo viver ali...

O que vemos primeiro é a cama.

As paredes laterais se aproximam bastante na direção do fundo, o que confere uma profundidade exagerada ao aposento e, em especial, a essa cama que parece enorme. O mesmo vale para o assoalho que sobe. Se imaginarmos este quadro sem o cobertor vermelho (basta olhar o quadro tampando essa parte com a mão), tudo começa a deslizar para baixo, tudo desmorona. O triângulo do cobertor age como uma fechadura na superfície do quadro. Enquanto estiver ali, o equilíbrio se conservará. O vermelho mantém o calor, é bom abrigar-se nele. Uma tensão formidável habita a imagem: essa cama poderia soçobrar como um navio... Por enquanto, ela mantém-se firme.

✳ É verdade que Van Gogh era louco?

Não, isso não é inteiramente verdade. Ele era perturbado, tinha uma grande fragilidade psicológica e sofria muito com isso. Em sua época, não se sabia como tratar esse tipo de problema. Sobretudo, não se deve pensar que ele pintava delirando. Ele sabia muito bem o que queria fazer e por quê. Em centenas de cartas, endereçadas principalmente a seu irmão Théo, ele comenta seu próprio trabalho com lucidez. Era um homem excepcionalmente sensível e inteligente.

✳ Os quadros de Van Gogh não se parecem com os outros.

Eles são abruptos, violentos, como ele, em alguns aspectos. Isso não o impedia de ser muito culto, de apreciar a pintura antiga e a de seus contemporâneos. Como estes, ele se interessava, por exemplo, pelas estampas japonesas. Elas lhe inspiraram, em parte, suas cores puras, suas formas simplificadas.

✳ As pessoas gostavam de sua pintura?

Ficavam com medo, como se tem medo de alguém que grita coisas que não compreendemos. De toda maneira, poucas pessoas tinham a oportunidade de ver seu trabalho. Ele enviava seus quadros, à medida que os pintava, a seu irmão Théo em Paris. Quando morreu em 1890, havia vendido apenas um único quadro. Estava desesperado. Mas nunca tentou agradar ao público para ganhar melhor sua vida, não traiu o que pensava que devia fazer.

✳ Por que Van Gogh tornou-se tão famoso?

Somente depois de sua morte começou-se a medir o impacto de sua obra. Ele conhecera uma solidão aterradora, suicidou-se na miséria, ignorado por todo o mundo. Para muitas pessoas, esse contraste entre sua vida e sua pintura, tão impressionante, é fascinante. Viu-se nele uma figura romanesca, um herói. Sua história pessoal deu à sua pintura uma dimensão dramática, quase sagrada, não se trata apenas de arte. O público de hoje tem uma relação muito sentimental com Van Gogh.

✳ Por que não vemos a assinatura do artista?

Essa pintura não traz assinatura. No entanto, no século XIX, os pintores tinham o costume de assinar suas telas, mas Van Gogh, em sua exigência, considerava muitas vezes suas obras simples estudos, exercícios: portanto, não as assinava automaticamente. Ele devia pensar que não valiam a pena. Quando assinava, escrevia só seu primeiro nome: era mais familiar, mais íntimo que uma assinatura comum, quase amigável. É por isso que muitas vezes fala-se dele chamando-o "Vincent".

O aniversário

1915, óleo sobre cartão, 80,6 x 99,7 cm
Museum of Modern Art, Nova York, Estados Unidos
Marc Chagall (Vitebsk, 1887 – Saint-Paul-de-Vence, 1985)

✦ **Os personagens estão voando!**

É porque eles estão apaixonados. O quadro mostra o próprio pintor, Marc, que acaba de reencontrar sua noiva. Eles ficaram separados por muito tempo, estão tão felizes que têm vontade de correr, de pular, sentem-se leves como pássaros. E estão se beijando.

✦ **Por que ele não tem braços?**

No entanto, ele certamente a tomou em seus braços. Mas o quadro exprime o que ele sentia. Ele não desejava apenas abraçar Bella, queria envolvê-la com todo o corpo, enrolar-se em volta dela. Então, pintou-se assim. Além disso, seus braços teriam atrapalhado para voar...

✦ **Ela segura um buquê de flores.**

Ele presenteou-a com esse buquê por seu aniversário. Ele deve ter chegado por trás, sem que ela tivesse tempo de se virar, para lhe fazer uma surpresa. Ele ficou tão emocionado que a cabeça está invertida. Está um pouco desnorteado. E ela arregala os olhos.

✦ **Não há velinhas de aniversário?**

A cena se passa em Vitebsk, a aldeia russa em que nasceram. Nesse país, não é costume pôr velas sobre os bolos de aniversário. Mas o bolo já está pronto, sobre a mesa vermelha, coberta com uma linda toalha azul. Só falta cortar os pedaços e se servirem.

✦ **A casa é cheia de cores.**

Não há muitos objetos e, sobretudo, nada de luxuoso, mas as cores vivas dão a impressão de que o aposento está cheio, principalmente graças ao vermelho no chão. Os xales de Bella estão pendurados pelas paredes para decorar o aposento. Seus motivos bem diferentes, pequenas flores, formas geométricas, fazem a casa dançar... É uma verdadeira festa para os olhos.

✦ **O pintor representou a si mesmo?**

Sim, é o que chamamos autorretrato. Em geral, o pintor se olha no espelho enquanto trabalha para reproduzir seu reflexo no quadro. Mas, dessa vez, não é um retrato muito exato. Ele não teve de se observar, pois, como está com Bella, temos certeza de que é ele.

✦ **O que vemos lá fora?**

Atrás da mesa, vemos uma rua de aldeia com uma igreja. O que surpreende é que na parte de cima da janela está escuro, enquanto na de baixo está bem claro. Chagall sempre mistura o sonho e os detalhes reais.

Como prova, ele representou no alto a pequena abertura que permite arejar um pouco: faz frio demais na Rússia para abrir completamente a janela. E há uma escada de incêndio atrás da outra janela... De qualquer maneira, para eles não faz diferença se é dia ou noite, eles não veem o tempo passar.

✳ Faltam pés na mesa.
Ao entrar num aposento, não pensamos em verificar se a mesa tem todos os pés. Sabemos que pelo menos quatro ela tem. Chagall também sabe, como todo o mundo. Ele pinta apenas o que é útil para tornar a imagem suficientemente compreensível. Sua mesa se sustenta bem assim porque num quadro tudo pode acontecer, principalmente o improvável. Essa mesa é como ele, que não tem braços. E Bella só precisa de uma mão para segurar as flores...

✳ Os personagens são muito grandes em relação aos objetos.
É da história deles que se trata. O resto só está aí para situar a cena. Bella parece ainda maior que Chagall, o que é normal: ele pintou o quadro para mostrar o lugar enorme que ela ocupa na vida dele. Para ele, não há nada tão importante quanto ela. Ao pintar assim, ele retoma as obras da Idade Média, que representavam as pessoas e as coisas não em função de seu tamanho real, mas da importância que lhes era concedida.

✳ Por que temos a impressão de que os móveis balançam?
A mesa e o banquinho preto são vistos de cima, da maneira que os personagens do quadro os distinguem. Como eles voam, é natural que percebam os objetos assim. Nós, diante do quadro, vemos também os xales na parede, as duas janelas, as flores. Chagall combina dois pontos de vista, o do espectador, que somos nós, e o do casal no interior dessa imagem. À sua maneira, ele nos faz entrar também.

✳ As coisas estão todas um pouco tortas.
Se consideramos o quadro como um relato da realidade cotidiana, então, de fato, nada fica de pé. Se, ao contrário, aceitamos a ideia de que Chagall pinta do mesmo modo como contaria uma fábula, então tudo se esclarece. Ele cresceu num mundo tradicional em que as histórias maravilhosas eram particularmente presentes. A cultura judaica da qual viera e que acalentou sua infância é nutrida com elas: nas lendas hassídicas encontramos pessoas que voam, animais que volteiam num mundo vertiginoso e que dança, árvores que riem e violinistas no telhado das casas... Chagall nunca esqueceu essas histórias. Elas forjaram seu universo.

✳ Em certos pontos a tinta cinza transborda.
Ela se enreda em volta do banquinho, espalha-se sobre a mesa, desenha uma curva sob os pés de Chagall, e, na frente do vestido de Bella, é como uma nuvem que vem apagar o negro do tecido. O pintor mantém uma espécie de equilíbrio: ele des-

creve formas, objetos precisos e depois, de súbito, cansa-se deles. Deixa então o pincel se divertir na superfície de sua tela, sem lhe impor lógica nenhuma. Se as formas tornam-se inverossímeis, é simplesmente porque a cor se deixa levar... Ela faz o que quer.

✴ **É como se estivéssemos num conto de fadas.**
Chagall pinta a vida como um conto de fadas, e, na época, sem dúvida viveu assim sua história de amor com Bella. Mas não se trata apenas de sua felicidade pessoal. Se ele representa o mundo em movimento, perpetuamente irrequieto, é porque no judaísmo a Criação divina é considerada um processo que nunca acaba. Pintar um mundo paralisado seria negá-lo. Chagall não quer imobilizar o mundo com sua pintura; ao contrário, ele o acompanha em seu trajeto.

✴ **Chagall explicou seus quadros?**
Sem explicá-los de maneira erudita, ele descreveu em suas memórias muitos momentos que ecoam em suas imagens. Também contou que gostava de trabalhar "como um sapateiro": o sapateiro costura uma sola fazendo-a girar pouco a pouco em suas mãos, ele também pintava seus quadros em todos os sentidos. As crianças pequenas desenham espontaneamente dessa maneira, fazendo o papel girar, sem nenhuma vontade de hierarquia entre o lado de cima e o de baixo, a direita e a esquerda...

✴ **Chagall pintou muitas vezes sua própria vida?**
Sim, ele pintava as pessoas que conhecia, os lugares de que gostava. Em certo sentido, sua pintura é uma autobiografia. Mas também tratou outros temas, sobretudo tirados da Bíblia. A atmosfera de seus quadros sempre tem algo de maravilhoso; ele queria transmitir o sentimento de que, seja qual for a miséria do mundo, este lhe parecia repleto de magia a cada instante.

✴ **Chagall sempre viveu na Rússia?**
Não, longe disso. Ele foi para a França aos 23 anos para descobrir a pintura moderna. Voltou à Rússia alguns anos mais tarde, para casar com Bella: foi então que pintou este quadro. Em seguida, viveu principalmente na França, exceto durante a Segunda Guerra Mundial, quando teve de se refugiar nos Estados Unidos... Em 1937, tinha escolhido a nacionalidade francesa. Mas a Rússia nunca deixou seu coração.

O mecânico

1920, óleo sobre tela, 115,5 x 88,3 cm
National Gallery of Art, Ottawa, Canadá
Fernand Léger (Argentan, 1881 – Gif-sur-Yvette, 1955)

23

✦ É um marinheiro!
Dá para ver logo, a tatuagem em seu braço representa uma âncora de navio. As tatuagens são desenhadas com tinta que entra debaixo da pele e não podem mais ser apagadas (não são decalcomanias).
É um marujo verdadeiro, que não está fingindo.

✦ Ele é musculoso.
Ele não anda de navio para se divertir. É mecânico, trabalha duro, ele precisa ter força. Por isso, o pintor destacou seus braços. Deu-lhe grandes ombros e antebraços enormes, como sua mão, aliás.

✦ Ele está fumando.
É um momento de tranquilidade, ele não tem nada de especial a fazer. O cigarro solta bastante fumaça. Para falar a verdade, ele solta tanta fumaça quanto uma chaminé. Um único cigarro não pode fazer tudo isso: talvez o mecânico fume mais do que deveria...

✦ Ele passou gel nos cabelos...
Naquela época, isso era chamado brilhantina: era usada para segurar os cabelos e dar-lhes brilho. Com certeza ele passou brilhantina, pois está muito bem penteado: cuidou bem de sua aparência. Ele não parou de trabalhar só para fumar um cigarro, deve ser um dia de descanso e ele se arrumou todo.

✦ Ele usa pequenos anéis.
Eles são minúsculos em sua grande mão. Talvez sejam presentes de uma mulher (ou duas), uma lembrança. Ele poderia também estar guardando-os ali para depois dar de presente; seria prático tê-los sempre com ele, por prevenção.

✦ Atrás do mecânico há uma porção de formas.
É o tipo de mundo em que ele vive, cercado de peças de ferro, de metal, tubos, roldanas, parafusos... Ele sabe como essas coisas funcionam, como se servir delas e fazer a manutenção das máquinas.

✦ Poderíamos dizer que é um homem de ferro.
Ele é mecânico. Seu corpo funciona como as peças mecânicas que ele utiliza. Ele está em harmonia com elas. Eles se parecem. Além disso, quando uma pessoa é muito forte, dizemos que ela tem músculos de aço. Isso lhe cai muito bem.

✦ Não há muitas cores neste quadro.
As cores aqui são poucas mas bastante fortes. A maneira como estão distribuídas cria contrastes: branco/preto, amarelo/preto, como luzes que se acendem e se apagam. Elas não ajudam a reconhecer os objetos: dão ritmo ao quadro. As do fundo

são desprovidas de relevo para destacar o volume do personagem que se encontra no primeiro plano.

✳ Por que não vemos objetos definidos atrás do mecânico?

O pintor quis criar um efeito geral, e não descrever um local ou objetos. Diante desta pintura, não imaginamos nada daquilo que acompanha as máquinas: a poeira, a graxa, o barulho... O pintor manteve apenas os aspectos da mecânica que lhe agradam: as linhas simples, as superfícies lisas. Ele as superpõe, articula umas em relação às outras, opõe-nas: curvas/retas, horizontais/verticais, faixas de cor estreitas/largas. Progressivamente, a imagem se arquiteta.

✳ Neste quadro tudo é rígido.

Fernand Léger escolheu formas que fazem pensar no que se produz nas fábricas, com materiais industriais e cores nítidas. Assim, ele situa diretamente seu personagem num ambiente fácil de ser compreendido pelo espectador. Tratava-se de pintar o mundo da mecânica: movimentos bruscos, direções bem definidas, uma precisão total e uma regularidade perfeita. O quadro quer deixar evidente que esse homem vive na época das máquinas e que, como elas, possui essas qualidades.

✳ Por que o pintor não representou um lugar real?

Porque o significado do quadro teria sido mais limitado: se fosse possível reconhecer o porto, a rua, o navio, e até a máquina, o pintor teria composto uma espécie de paisagem ou de documento. Não era esse seu objetivo: sua pintura não diz respeito a ninguém específico, não é um retrato. Fernand Léger interessa-se por uma categoria de homens em geral. Sua pintura deveria aplicar-se a qualquer mecânico de qualquer navio...

✳ Os braços dele são iguais aos do Popeye!

Popeye também era marinheiro, não surpreende que eles tenham características em comum. Seus braços são igualmente inverossímeis: os músculos não estão no lugar certo. Isso os torna diferentes de todo o mundo, ressaltando sua força excepcional... Aliás, Popeye nasceu mais ou menos na mesma época que os personagens pintados por Fernand Léger. A primeira vez que foi visto numa história em quadrinhos, nos Estados Unidos, foi em 1929. Eles são exatamente da mesma geração.

✳ O mecânico parece completamente indiferente.

Ele não tem expressão nenhuma; é, literalmente, imperturbável. Nada pode modificar os traços de seu rosto construído com elementos rígidos. A testa, por exemplo, é um pedaço de metal curvo marcando a linha superior das sobrancelhas: ele não corre o risco de ter rugas... O pintor não procurava expressar sentimentos, mas o espírito de uma época. Com esse fim, ele explorou, em 1924, as possibilidades que o cinema oferecia realizando, unicamente com objetos em movimento, o primeiro filme sem roteiro. Intitulou-o *O balé mecânico*.

Por que ele está de perfil e os ombros estão de frente?

Para que a imagem seja clara, eficaz: o desenho do perfil delimita bem o personagem, e podemos ver suas características principais (a forma do nariz, do queixo...), sem termos a atenção desviada pela expressão de seu olhar... Ao mostrar sua compleição, neste caso preciso, sua força muscular, os ombros de frente informam a realidade do corpo. Fernand Léger retoma aqui uma tradição muito antiga, a dos egípcios: seus personagens também eram representados dessa maneira.

O personagem está mais para robô do que para homem.

Não, é um homem mesmo, mas adaptado ao mundo dos robôs que ele é capaz de inventar. As formas que o compõem são as que ele próprio domina a cada instante. Léger queria que sua pintura pudesse ser compreendida por aqueles que trabalhavam em fábricas e lá passavam o essencial de seu tempo. Queria que ela refletisse as coisas comuns, nas quais eles reconheceriam sua própria vida: sem cenários de castelo, sem seda nem ouro, mas linhas diretas, cores puras. É uma opção social, não somente estética.

Fernand Léger pintou outros quadros desse tipo?

Sim, essa homenagem às massas populares que tornam possível o progresso industrial era para ele fundamental. Seu *Mecânico* está de perfil, como um imperador romano numa moeda antiga, como o retrato de um príncipe do Renascimento. Ao pintá-lo assim, Léger enobrece o operário, designa nele o verdadeiro herói dos tempos modernos: aquele por quem um mundo magnífico se construirá, na eficiência e na harmonia, um mundo em que as máquinas a serviço do homem o libertarão enfim dos entraves de outrora... Logo após a Primeira Guerra Mundial, esse era o sonho de um humanista que acreditava profundamente na construção de uma sociedade nova, mais feliz e mais justa.

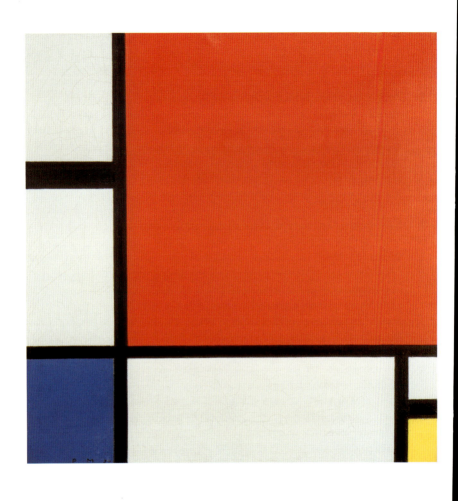

Composição com vermelho, amarelo e azul

1930, óleo sobre tela, 45 x 45 cm
Kunsthaus, Zurique, Suíça
Mondrian (Pieter Cornelis Mondriaan, dito Piet, Amersfoort, 1872 – Nova York, 1944)

+ O que é isto?

É um quadro. O que vemos nele não encontramos em nenhum outro lugar.

+ Não há quase nada para ver.

Às vezes pintam-se coisas mais complicadas do que aquelas que encontramos na vida cotidiana: um retrato elegante, uma imensa paisagem ou até um dragão. Mas é possível que um pintor prefira mostrar o mundo mais simples do que é na realidade. É o que faz Mondrian.

+ Este quadro representa alguma coisa?

Ele não representa nada em particular, mas leva a imaginar um máximo de possibilidades. O pintor não tinha nenhuma vontade de mostrar coisas já prontas, então dispôs ali tudo que é necessário para construí-las. É como um jogo: com diferentes peças, uma paleta de cores, inventa-se o que quiser...

+ O pintor talvez não soubesse fazer nada além disso.

Mondrian sabia perfeitamente desenhar e pintar personagens, objetos "como todo o mundo"... E fez isso durante anos. Mas não era o bastante para ele; ele buscava algo diferente. Pouco a pouco, retirou os detalhes que o incomodavam ou que não lhe pareciam úteis. No final, só restaram linhas retas e três cores. E isso lhe agradou.

+ Ele desenhou com uma régua?

Sim, este é um trabalho muito ordenado, muito pensado. Ele também tirava medidas em seu quadro com tiras de papel transparente, para decidir onde colocaria essas linhas. Depois, desenhava-as com um lápis de carvão e em seguida pintava por cima.

+ Vermelho, azul, amarelo: por que ele só pintou essas três cores?

Esse é o mínimo de cores a partir do qual todas as outras podem ser feitas. Se as misturamos, podemos obter o verde, o roxo, o laranja, infinitos tons e suas nuances... Em compensação, é impossível fabricar sozinho essas três cores básicas. Por isso, são chamadas *cores primárias*.

+ Há também preto e branco.

Sem eles é impossível clarear ou escurecer as cores. E as linhas pretas organizam a imagem delimitando espaços maiores ou menores, mais largos ou mais estreitos. Pintados de branco, esses espaços podem dar a impressão de vazio, de luz e de ar: neles podemos respirar. Preenchidos com cor, eles canalizam a energia dessa cor. Aqui, o vermelho evocará o fogo, o sangue, um pôr do sol... As linhas pretas garantem a paz do quadro: não deixam nada transbordar.

✳ Para esse pintor, as linhas e as cores fazem o papel de personagens.

Sim, ele instaura efetivamente entre elas um diálogo, relações de força ou de harmonia. Por exemplo, esse quadrado vermelho: ele é tão poderoso, tão pesado que o sentimos capaz de se expandir para além do quadro, que nada — nem mesmo um contorno preto — limita. Mas os pequenos segmentos horizontais, no alto à esquerda e embaixo à direita, são mais grossos que os outros: parecem ter sido colocados ali para segurar esse quadrado vermelho, como que para lhe dizer: "Contenha-se, não se mexa..." Sem essas robustas pequenas linhas, é difícil saber até onde iria a cor...

✳ Por que não há uma linha preta em volta de todo o quadro?

Se houvesse, o quadro seria fechado como que por uma cerca. Mondrian não aprisiona suas cores, ele as mantém em suspensão sem limitar nosso campo de visão. As portas permanecem abertas para que possamos circular livremente: penetramos na imagem, deslizamos por ela, saímos quando queremos. Depois de a contemplarmos, é possível que percebamos mais claramente o espaço que ocupamos, as formas que nele se inscrevem. De certa maneira, é um treino para os olhos e para as ideias.

✳ Parece a planta de um apartamento, com as paredes, os cômodos e as cores...

Há pontos comuns: uma planta é indispensável para determinar o que vai ser construído. É um projeto que expõe claramente o que se deseja. Ora, segundo Mondrian, a pintura constitui um modelo de razão e de estabilidade.

✳ Poderia representar a fachada de um imóvel.

Sim, sobretudo quando pensamos nos imóveis em demolição: faces inteiras revelam o interior de aposentos que não existem mais... Pelo que resta da cor das paredes, adivinhamos a localização de um quarto, de uma sala: vidas inteiras resumidas a alguns retângulos... Mondrian inspirou-se em parte nesse espetáculo das cidades.

✳ Poderia ser também o mapa de uma cidade, com suas ruas e avenidas...

Nada indica a proporção ou a escala do que está representado. Poderíamos também observar de cima essas formas. Anos depois de ter pintado este quadro e outros do mesmo tipo, Mondrian mudou-se para os Estados Unidos: Nova York, construída a partir de uma planta similar, com uma rede de linhas que se cruzam em ângulos retos, o entusiasmou. Era um mundo que lhe correspondia perfeitamente.

✳ Os quadros de Mondrian são todos parecidos.

Todos os seus quadros baseiam-se nos mesmos princípios, mas de um a outro as relações de cores e as proporções mudam. Em alguns, o branco ocupa quase todo o espaço e tudo parece sereno e leve. Em outros, as linhas se aproximam como grades de prisão e a imagem torna-se tão opressiva que queremos fugir. Com os meios mais simples, o pintor consegue suscitar no espectador uma gama de emoções incrivelmente rica. Seu trabalho aparenta-se ao de um compositor, que pode escrever uma infinidade de peças com sete notas de música. O quadro intitula-se, aliás, *Composição*.

Não parece difícil fazer uma pintura como esta.

A técnica não é o mais difícil nesse caso. A dificuldade se situa no nível do significado da obra. Qualquer um pode imitar esse tipo de pintura, mas ninguém pode voltar no tempo, colocar-se no lugar de Mondrian e viver o que ele vivia. Ele só pintou assim depois de anos de trabalho. O que apreciamos hoje diante de um de seus quadros não é apenas uma imagem aparentemente fácil, é uma soma de ideias, de reflexões, de exigências que um dia o levou a isso. Não é um ato isolado, é uma vida inteira.

É uma pintura que parece ser quase mecânica.

A geometria dá essa impressão, sobretudo se passarmos rápido demais na frente do quadro. Sua concepção traduz um rigor de espírito absoluto, mas, quando nos aproximamos da imagem, entrevemos outra coisa além da austeridade. As pinceladas são perceptíveis nas linhas pretas, de modo que elas tremulam um pouco. Ficamos surpresos de sentir a mão vulnerável do pintor. E descobrimos que essas linhas não são superpostas sistematicamente, elas se entrecruzam. Mondrian faz com elas uma trama, ele as tece... É como a própria tela vista ao microscópio, o suporte do quadro surpreendido em sua intimidade.

Mondrian vendia seus quadros com facilidade?

Não era fácil. Uma pintura como esta é uma forma de exercício mental, ela seduzia pouca gente. Mondrian prosseguiu nessa via contra tudo e contra todos porque dessa maneira é que se sentia sendo ele mesmo. Para subsistir, pintava quadros de flores que vendiam muito bem... Isso lhe permitiu preservar seu mundo, um mundo de linhas retas, de cores puras, que era só dele. Hoje, é esse mundo que respeitamos e admiramos. As flores que o fizeram viver foram quase esquecidas...

No dia a dia, muitas coisas lembram os quadros de Mondrian.

Seu trabalho influenciou não somente gerações inteiras de pintores, mas também o ambiente cotidiano. Mais de meio século depois de sua morte, vemos seus efeitos por toda a parte, na decoração de interiores, no estilo dos móveis, no projeto gráfico das revistas ou na publicidade, na moda. As imagens que ele criou traduziam a um só tempo uma exigência moral e uma estabilidade de estruturas. Sua variedade provava a permanência de uma pesquisa sempre estimulada. São ideias que penetram o espírito sem que pensemos nelas. Por exemplo, a logomarca dos produtos para cabelos da linha Studio Line, da L'Oréal: é a adaptação evidente das formas de Mondrian, e, dissimuladamente, de seus princípios. Tem-se a certeza de vender melhor determinado gel ou determinado xampu se o comprador o associar automaticamente às noções de pureza, de dinamismo e de criatividade. Logo, com esses produtos, tudo é possível: a disciplina e o ritmo, a liberdade das combinações e a certeza da eficácia...

Mulher chorando

26 de outubro de 1937, óleo sobre tela, 60 x 49 cm
Tate Modern, Londres, Inglaterra
Pablo Ruiz Picasso (Málaga, 1881 – Mougins, 1973)

✦ É um rosto de quebra-cabeça!

Ele é feito de pequenos pedaços, é verdade, mas a forma das peças é menos regular que num jogo de quebra-cabeça. Parece que elas foram feitas sem cuidado, e não dá para ter certeza de que foram encaixadas no lugar certo.

✦ Tudo é pontudo.

Porque a mulher está sofrendo. Tudo a incomoda. As formas são cortantes, elas próprias se dilaceram. Assim que vemos o quadro, compreendemos que essa mulher sofre.

✦ Ela tem uma orelha esquisita.

Seu brinco não está preso no lobo: ele pinça bem o meio da orelha. Deve doer muito. Podemos imaginar que essa orelha fechada a deixe surda. Ela sofre tanto que já não percebe o que está a sua volta. O pior é que não podemos dizer nada para consolá-la, de nada serviria, já que ela não ouve.

✦ Ela usa um chapéu vermelho.

É uma pessoa elegante, ela está bem vestida e bem penteada. Ou acabou de voltar para casa sem ter tido tempo de tirar o chapéu, ou então estava pronta para sair. Mas deteve-se. Com esse chapéu, o pintor dá um jeito de mostrar que um acontecimento se produziu. O que vemos aí não descreve o modo de ser habitual dessa mulher. Ela não passa a vida nesse estado.

✦ O que ela tem na mão?

É sem dúvida um lenço. As pontas que tocam seus olhos são talvez os cantos do lenço... De qualquer maneira, é uma coisa dura, que espeta. Suas lágrimas pendem das pálpebras como pesadas gotas. O tecido está todo amassado em sua mão, ela o mordisca... Ela não sabe mais o que fazer...

✦ Ela está toda quebrada.

Seu rosto é deformado pelo choro. Na verdade, ela não está quebrada, ela se sente quebrada por dentro. Está terrivelmente triste, e o que vemos no quadro é o que ela sente: tudo dá errado, tudo faz mal, nada a ajuda, nem esse lenço que não seca suas lágrimas.

✦ Por que seu rosto tem essas cores?

São as cores que a pele adquire quando damos uma batida. É um "roxo" simplesmente, que muda de cor com o tempo e fica azul, verde, amarelo... Não é que ela tenha apanhado, mas ela sofre tanto que se sente como se tivesse sido moída de pancada. Sua dor é tão violenta que lhe faz mal fisicamente. Não se trata de uma tristeza isolada que vai embora: as cores provam que ela recebeu muitos "golpes" desses seguidos. Quando se sente um pouco melhor, a coisa recomeça...

✳ Uma parte de seu rosto é toda branca.

É a maneira mais simples de mostrar que ela está muito pálida. Não se diz de alguém que perdeu todas as cores que está "branco como um fantasma"? Talvez ela tenha a impressão de já não ter sangue nas veias de tão fraca que se sente...

✳ Ninguém tem uma cabeça assim.

Não, Picasso não quis pintar a aparência dessa mulher. Ele tornou visível o que ela sentia. Há, muitas vezes, uma grande distância entre o aspecto que temos e o que vivemos na realidade. Ao cruzar as pessoas na rua, não adivinhamos forçosamente seus sentimentos, o que as preocupa, o que as faz rir ou sofrer. São justamente essas coisas inapreensíveis que Picasso queria mostrar. Ele tornava as pessoas transparentes...

✳ Picasso destruiu completamente seu rosto.

Não, foi a dor que o destruiu. O pintor encontrou a linguagem que lhe permitia mostrá-la às claras. Não é uma maneira gratuita de enfear seu modelo, pelo simples prazer de torná-lo irreconhecível. A maldade ou a crueldade não entram aí.

✳ É uma pintura complicada.

Não, ao contrário. Picasso pinta coisas muito diretas. Tudo o mundo utiliza naturalmente certas expressões como "debulhar-se em lágrimas", ter o rosto "desfeito" ou "decomposto", ter os olhos "fora das órbitas"... Sabemos muito bem o que tudo isso significa. É só uma maneira de falar.

Quanto a Picasso, ele vai mais longe, ele pinta essas expressões. Não há nada mais simples. Mas antes dele ninguém jamais tinha feito isso.

✳ A mulher pintada existiu de verdade?

Sim, ela vivia com Picasso, era uma fotógrafa que se chamava Dora Maar. A morte de seu pai a transtornara. Essa mulher era muito bonita, e a metamorfose de seu rosto quando ela chorava devia fascinar o pintor. Mas o fato de o quadro ser intitulado *Mulher chorando* indica que o pintor não o concebeu como um retrato. A partir de uma pessoa específica, ele inventou um rosto modelar, no qual cada ser humano pode reconhecer a face de sua própria dor.

✳ Isso faz pensar no reflexo num espelho quebrado.

Aí está uma coisa que reforça ainda mais a ideia da ferida: as arestas dos pedaços de espelho são cortantes. E talvez intervenha outra ideia: antes, se dizia que um quadro era o reflexo da natureza, supondo que a pintura era capaz de uma perfeita imitação do mundo visível. À sua maneira, Picasso diz que, se o mundo se parte em pedaços, o espelho também tem de quebrar: é preciso que a pintura renuncie a uma aparência harmoniosa se quer descrever aquilo que perdeu a harmonia.

✸ Esta imagem é desagradável de olhar.

A dor não é agradável. Por que um quadro que a representa deveria sê-lo? Essa é uma das questões que a pintura de Picasso levanta. Antes dele, pintava-se o sofrimento de maneira mais ou menos idealizada, às vezes cruel, mas o espectador achava suportável porque justamente era apenas espectador: tratava-se sempre do sofrimento dos outros. Picasso foi o primeiro que soube pintar a dor a partir do interior, não a que observamos, e sim a que conhecemos por tê-la sentido intimamente. Se o quadro é chocante, é para dizer que o sofrimento é chocante. E é o sofrimento que temos medo de olhar.

✸ Picasso poderia ter pintado um homem chorando?

Sem dúvida. Simplesmente ocorre que Dora Maar fazia parte de sua vida; ela lhe serviu de modelo. Mas o fato de ser uma mulher acrescenta um elemento interessante: sua dor tem algo de ridículo. Todo o cuidado que ela tinha tido ao se arrumar, o chapéu, os brincos, o que constitui sua elegância habitual, tudo isso se revela derrisório — pior ainda: grotesco. Uma mulher chorando pode enternecer, mas basta que sua maquiagem comece a escorrer para ela se ver humilhada por seu rosto feio de palhaço.

✸ Por que pintar um quadro que as pessoas acham feio?

Picasso não pinta para agradar. Ele pinta para si mesmo, porque sente a necessidade de expressar alguma coisa pela pintura. Se o quadro toca as pessoas, se elas percebem o que ele quis transmitir, então é magnífico, mas isso pode não ser seu objetivo principal. Achar uma obra bonita ou feia nem sempre faz muito sentido: no caso, não se trata de decorar uma sala para fazer dela um lugar agradável... Este quadro não é um ornamento, mas um instrumento de verdade. Ele recusa os disfarces, as trapaças. Desencova o sofrimento e o obriga a confessar o que ele faz de um ser humano: o sofrimento corta em pedaços...

Número 3, Tigre

1949, óleo e tinta de alumínio sobre tela colada sobre madeira, 157,4 x 94,2 cm
Hirshhorn Museum and Sculpture Garden, Smithsonian Institution, Washington, Estados Unidos
Jackson Pollock (Cody, Wyoming, 1912 – Springs, Long Island, 1956)

+ É um rabisco.

Sim, mas um imenso rabisco. É raro ver um tão grande assim.

+ Foi mesmo um pintor que fez?

Sim, Pollock era um verdadeiro artista. Ele tinha aprendido seu ofício e sabia desenhar muito bem. Mas preferiu pintar assim porque, em determinado momento, para ele esse era o único meio de expressar o que queria.

+ Não se vê nada.

É confuso, mas assim mesmo podemos descobrir formas, cores. Ao menos percebemos de imediato que se trata de algo muito complicado.

+ O que será que isso representa?

Não se sabe. E talvez não haja nenhum meio de descobrir. Nada é certo. O pintor quer, talvez, justamente falar disso: uma coisa para a qual não conseguimos dar um nome, ou que não podemos compreender. Tudo é confuso, fazemos perguntas e não encontramos resposta. Impossível de resolver. Às vezes isso acontece...

+ Há cores por toda parte.

Elas correm sozinhas, embaraçam-se como barbante, sem nunca se misturar. Passam umas por cima das outras, engrossam ou ficam bem finas, prestes a quebrar. Há sem dúvida muitas por baixo que não conseguimos ver, tanto o pintor as acumulou: vermelhas, verdes, amarelas, brancas, pretas... Todas as cores que podia.

+ De tanto olhar, ficamos tontos.

Sim, porque temos a tendência de seguir as linhas com o olhar, e, toda vez que tentamos, percebemos que não levam a nada. Logo reparamos que estamos perdidos: há linhas em todos os sentidos, como saber que direção seguir? Temos a impressão de termos sido pegos num turbilhão, numa tempestade.

✱ Parece que ele jogou tinta em cima do quadro.

É quase isso. Ele punha a tela no chão e derramava tinta diretamente de potes perfurados. Ele girava em volta dirigindo os gotejamentos para o centro, inventava percursos para a cor, observava-a cair. Ela parecia decidir por si mesma onde cair, pois ele não utilizava pincel: na realidade, os deslocamentos do pintor e os movimentos de seus braços reduziam o acaso ao máximo. Tudo era extremamente controlado.

✱ Como ele teve a ideia de pintar dessa maneira?

Por causa da Segunda Guerra Mundial, muitos pintores europeus haviam se refugiado nos Estados Unidos. Um deles, o alemão Max Ernst, gostava de experimentar novas técnicas. Um dia, encontrando-se no ateliê de Ernst, Pollock o viu derramar tinta sobre um quadro para obter um efeito de manchas. Ernst não continuou, mas Pollock desenvolveu o método, que foi chamado *dripping* (em inglês, significa *gotejamento*).

Ocorreu a Pollock pintar de outra maneira?

Sim, o *dripping* correspondeu a um período preciso de sua obra. Ele se inscrevia na lógica de seus trabalhos anteriores; durante muitos anos, seus quadros haviam representado, entre outras coisas, personagens e animais lutando. Tudo era confuso neles, uma verdadeira mixórdia... Um dia, ele eliminou os personagens, como se tivessem finalmente escapado do quadro ou reduzido uns aos outros a poeira. Só ficou esse caos.

O que produz um efeito esquisito é que não sabemos onde olhar.

Isto é, temos vontade de olhar tudo ao mesmo tempo. Os olhos são atraídos para todos os lados simultaneamente porque nenhuma zona parece mais importante que as outras. Não distinguimos nada de mais nem de menos no centro da imagem; impossível diferenciar entre o lado de cima e o de baixo, a direita e a esquerda. No começo, é surpreendente, mas temos de admitir que as referências habituais existem aqui, que não há começo nem fim.

Por que ele misturou tudo dessa maneira?

Como tudo, na verdade, está misturado neste quadro, ficamos desnorteados, procuramos nos agarrar a alguma coisa, identificar pelo menos uma forma, em suma, compreender do que se trata. É uma reação normal. Podemos até ficar irritados ou encolerizados porque o pintor teve tanta má vontade. É legítimo. Essa é, sem dúvida, uma parte do que Pollock queria traduzir: a que ponto podemos ficar impotentes quando já não compreendemos nada do que está acontecendo...

As cores têm um significado preciso?

Não obrigatoriamente. Mas não podemos evitar que o vermelho seja mais violento que o azul-celeste, que o azul faça justamente pensar no céu ou que o branco tenha sempre aspecto mais limpo que as outras cores. Isso tudo não passa de um conjunto de sensações, implicitamente ligado às cores... O azul-claro que serve mais ou menos de fundo neste quadro pode muito bem ser a cor que recobrirá todas as outras numa obra diferente...

Por que sobrepor tantas camadas de tinta?

Nenhuma direção prevalece na superfície da imagem, a um só tempo movimentada demais e homogênea demais para tal: talvez seja melhor embrenhar-se, entranhar-se em todas essas camadas, como o arqueólogo que revolve a terra em busca de um vestígio, de um fóssil... As camadas de tinta sugerem o acúmulo de camadas geológicas, tudo que se depositou ao longo do tempo entre esses diferentes estratos. Penetrando-as, encontraremos pouco a pouco as provas de que lá existiu alguma coisa, mesmo que já não saibamos muito bem o quê.

✸ **O título não tem relação nenhuma com o que vemos.**
O título *Número 3* situa o quadro numa série de obras, realizadas antes e depois desta. É uma maneira de afirmar que a imagem não tem de prestar contas à realidade visível: é impossível verificar se ela reproduz algo e como. Quanto a *Tigre*, o sentido é mais simples de determinar: a selvageria, a sinuosidade das linhas, a força, o elã, o peso, o perigo... Todos, elementos inerentes à imagem.

✸ **Isso tudo faz mesmo sentido?**
Sim, é claro. Na época em que Pollock trabalhava, por volta da Segunda Guerra Mundial, as representações habituais já não tinham para ele nenhuma razão de ser. Nada poderia dar o sentimento do desalento, do desmoronamento com tanta força. De modo que ele pintou diretamente o desmantelamento e o desaparecimento das coisas, o fato de se encontrar perdido num mundo em que já não reconhecemos nada, mas em que as pessoas se obstinam em buscar um caminho. A imagem não tem de representar ruínas; ela própria é o caos, um amontoado de escombros... Escombros revolvidos, levantados aqui, acolá, por toda parte, sem nenhuma trégua, pela energia inesgotável do pintor...

Monocromo azul, sem título

1957, pigmento puro e resina sintética sobre tela montada sobre madeira
Hamburger Kunsthalle, Hamburgo, Alemanha
Yves Klein (Nice, 1928 – Paris, 1962)

+ **É um quadro mesmo?**

Sim, é um quadro, um quadro todo azul.

+ **Não tem nada nele.**

Tem, sim, azul. O pintor optou por essa cor e a colocou em seu quadro. Então, não seria correto dizer que não há nada ali.

+ **Não parece pintado.**

Percebemos, no entanto, traços de pintura, na superfície, como ondas minúsculas. Mas é impossível adivinhar por onde o quadro começou. Parece que ele ficou azul assim de repente. Mas isso não é verdade; foi preciso tempo para chegar a esse resultado. Porém, ele parece tão simples que quase precisamos fazer força para nos darmos conta disso.

+ **Parece macio.**

A superfície do quadro não brilha, como se ela bebesse a luz. Temos a impressão de que, tocando-a, entraríamos nela como no veludo. Olhar essa pintura é repousante.

+ **Poderia ser o céu.**

Em certo sentido, é mesmo um céu. Mas não há nem o sol, nem as nuvens, nem os pássaros, nem o vento... Nada que, habitualmente, acompanha o céu. É mais o azul do céu que o próprio céu. O pintor não descreveu o céu, apenas pintou a cor que dá a ideia dele.

+ **Será que o pintor não gostava das outras cores?**

Devia gostar menos delas: antes, tinha trabalhado com vermelho, amarelo, verde... Por fim, escolheu o azul. Segundo ele, essa era a cor mais importante: uma vez que permite imaginar o céu e o mar, o azul dá a ideia de um espaço sem limites. Em vez de se ligar a uma coisa precisa, ele escapa até o infinito.

+ **Por que o pintor só queria uma única cor?**

Yves Klein achava que a presença de várias cores no mesmo quadro criava um problema. Com apenas duas cores, já começava uma batalha. Elas tornavam-se imediatamente rivais: cada uma queria ser a mais importante, receber mais atenção, ser a mais olhada... Como pessoas falando ao mesmo tempo. Uma vez que ele procurava pintar quadros serenos, encontrou a solução eliminando todos os riscos. Com uma única cor, não há conflito possível... Esse tipo de pintura é chamado *monocromo*.

+ **Yves Klein pintou monocromos amarelos, vermelhos ou verdes?**

Sim. Depois deu-se conta de que entre esses diferentes monocromos instaurava-se uma rivalidade. Em cada quadro, tudo ia bem. Mas, para as pessoas que os olhavam, era mais complicado. Alguém que acabava de ver um quadro verde, e que se encontrava diante de um vermelho, não conseguia esquecer o verde. Em seguida, se ele

olhava um amarelo, este se misturava em sua cabeça com as duas outras cores...
Para terminar, o pintor só conservou uma cor, a mesma para todos os seus quadros.

✳ Por que ele optou pelo azul?

Primeiro, porque gostava dele. O azul está muito presente em Nice, sua cidade natal; ela fica à beira-mar, o tempo é muito bom por lá... E, sobretudo, essa cor tem, mais do que as outras, a capacidade de evocar o intangível, o que escapa, os espaços sem fim do cosmo. A partir do verde, do amarelo ou do vermelho, podemos imaginar milhares de formas e milhares de matérias, as das árvores, das flores ou das borboletas, perceber a tepidez da relva ou o calor do sol. Mas querer pintar azul é querer pegar o vazio, o ar que justamente contém as flores ou as borboletas, e que nunca poderemos ter nas mãos. É atraente como um sonho.

✳ Ele fez muitos outros quadros azuis?

Fez uma enormidade, eles se tornaram seu universo. Conforme o quadro, a pintura é mais lisa ou, ao contrário, mais grossa, às vezes até em relevo. Seus formatos também variam. Mas a cor é sempre idêntica. Klein havia encontrado o que lhe convinha, não tinha nenhuma razão para mudar.

✳ Por que o quadro não tem moldura?

Se colocassem moldura, ele ficaria aprisionado. Seria o contrário do que o pintor queria transmitir, uma prisão em vez de uma abertura. Este quadro permanece livre. Também é por essa razão que ele não está totalmente apoiado na parede. Ele foi colocado um pouco para a frente. Em vez de estar pendurado, o quadro flutua no ar.

✳ A propósito dos quadros de Klein, menciona-se frequentemente o "IKB". O que significam essas três letras?

São as iniciais de "International Klein Blue" (azul internacional Klein). Elas designam a cor especialmente fabricada para Yves Klein. Édouard Adam, um fornecedor dos artistas em Montparnasse, descobriu-lhe o produto ideal: uma resina sintética capaz de fixar o azul ultramar sem diminuir seu brilho. A mistura, inencontrável no comércio, foi patenteada. "IKB" figura às vezes no título dos quadros de Klein, que ressaltava assim o valor objetivo da obra — matéria e cor —, independentemente de qualquer referência externa.

✳ Para que serve fazer sempre o mesmo quadro?

É pintar um quadro sem fim. Em vez de ver os quadros de Klein como repetições, é preciso compreendê-los como fragmentos de imagem que se sucedem uns aos outros, sem jamais formar a imagem completa. Nada está acabado, nada é definitivo, não há nenhuma conclusão possível. As pinturas refletem umas às outras, respondem-se como ecos. É como um poema do qual teríamos esquecido as palavras e guardado somente uma rima.

✳ Uma pintura assim não quer dizer nada.

Não, justamente, ela não quer dizer nada, ou melhor: ela quer dizer nada. Não é que seja desprovida de sentido, longe disso, mas sim que se recusa a falar... Ela se pretende muda. Nem palco de teatro nem tela de cinema, nem mesmo texto, este quadro é um objeto que possui sua própria existência, sua própria cor, sua forma, sua textura... Tudo isso o constitui. Pela decisão do pintor, aí está ele presente no mundo, do mesmo modo que um elemento da natureza... Exigiríamos de uma nuvem ou de uma árvore que ela queira dizer alguma coisa?

✳ Não deve ser interessante ver mais do que um desses quadros.

É uma experiência muito particular. Ao ver vários monocromos azuis juntos, numa exposição por exemplo, perdemos rapidamente o sentimento de que são imagens idênticas. Ou então são imagens idênticas, mas como o seriam janelas que não cessariam de se abrir umas ao lado das outras. Nos primeiros minutos, é surpreendente, temos a tendência de buscar não sabemos bem o quê... Depois, nos deixamos levar, já não pensamos em nada, entramos cada vez mais profundamente nesse espaço, mergulhamos no azul.

✳ Um quadro monocromo não tem originalidade.

Ao contrário. As imagens, as fotos estão por toda a parte, na rua, na televisão, nos jornais, nos cartazes... É difícil avaliar do quanto de imagens nos empanturramos num único dia, de todos os tipos, saturadas de intenções, de movimentos, de formas e de mensagens... Nenhuma delas se aproxima da limpidez, da pureza de um quadro como este. Um monocromo de Yves Klein oferece um espaço de repouso total, silêncio para os olhos e para o espírito, uma das coisas mais raras que existem, um luxo verdadeiro.

✳ Outros pintores também fizeram monocromos?

Sim, Yves Klein não foi o primeiro a pensar nisso, mesmo que seus quadros azuis tenham trazido uma aura de serenidade à história do monocromo. Para alguns artistas, o monocromo pode ser uma maneira de dizer que tudo ainda resta a ser pintado, é uma imagem de começo e de esperança; para outros, é um fim, um deserto, como se tudo tivesse desaparecido. O mais das vezes, parece uma espera, uma espécie de parênteses no meio de tudo que se agita. Tudo depende do artista e da época na qual ele trabalha.

✳ Um quadro é mais barato se tem só uma cor?

É claro que não. O preço depende do valor que se atribui às obras do pintor. Tenha ele utilizado uma ou várias cores, nada muda. O que importa é que suas pesquisas o levam um dia a pintar dessa maneira. Isoladamente, um monocromo não valeria, sem dúvida, tanto. É preciso que ele tenha um lugar particular no itinerário de um pintor e na história da pintura: é isso que revela seu sentido, que o justifica, como se ele fosse a peça do quebra-cabeça indispensável à imagem geral.

161

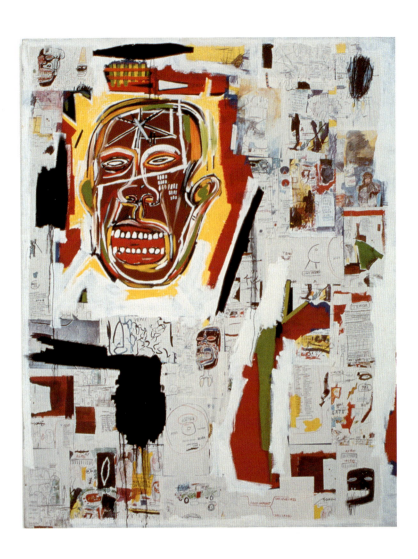

O rei dos zulus

1984-85, acrílica e técnica mista sobre tela, 208 x 173 cm
Galeries Contemporaines des Musées de Marseille, Marselha, França
Jean-Michel Basquiat (Nova York, 1960 – *idem*, 1988)

✦ Este quadro parece uma imensa página de jornal.

O pintor reuniu aí várias coisas que podem fazer pensar num jornal: textos escritos com letras de imprensa bem pequenas, rostos, faixas de cor. Há também manchas de tinta que escorrem e que cobrem outras imagens. Como um jornal, ele certamente conta uma porção de coisas diferentes.

✦ Há uma grande máscara mostrando os dentes.

É uma máscara africana. Parece tanto um rosto verdadeiro quanto uma máscara. Parece viva; diríamos que ela fala. Não sabemos se ela mostra os dentes para nos amedrontar, porque está rindo ou porque é natural para ela ser assim. A não ser que ela é quem tenha medo ou que esteja brava.

✦ É uma colagem.

Uma colagem costuma utilizar elementos da natureza e de origens variadas. Efetivamente, este quadro dispõe lado a lado coisas que em geral não combinam. Mas foram todas desenhadas e coloridas pelo próprio pintor.

✦ As coisas estão umas em cima das outras.

É o que acontece quando falta lugar para colocar tudo. O pintor morava em Nova York, uma cidade imensa e cheia de gente. As pessoas acotovelam-se nas ruas, no metrô; às vezes se machucam. O quadro é igual: as coisas nele se empilham como podem, cada uma tenta passar na frente da outra... Pequenos pedaços de imagens tímidas se insinuam atrás...

✦ A cabeça é enorme, mas as letras são pequenininhas...

A grande cabeça poderia ler todas as pequenas palavras, ou ouvi-las e até pensá--las. De outro lado, as palavras tão numerosas se somam umas às outras, como as de uma porção de gente falando ao mesmo tempo. Outras cabeças, menores, têm cada uma sua própria vida... Todo esse mundo se agita, pensa, escreve...

✱ Parece um muro coberto de grafites.

No início, Jean-Michel Basquiat pintava nos muros, na rua. Depois, começou a realizar quadros, mas mantendo o mesmo modo de expressão. Ele queria que sua pintura tivesse exatamente as mesmas características onde quer que estivesse, num muro da cidade ou numa sala: ela mostra que na realidade tudo se mistura continuamente, rostos, silhuetas, animais, dejetos, cores vivas, frases sem continuidade, palavras jogadas na cara, pequenos desenhos que não querem dizer nada, rasuras...

✱ Por que a máscara é maior do que o resto?

Ela é o motor do quadro, seu "personagem" principal. Aliás, para começar, o pintor tinha pensado em chamar seu quadro de *The Brown Mask* (A máscara marrom).

Depois, essa figura deve ter lhe parecido tão significativa que ele a transformou em rei, o "rei dos zulus". E mudou o título do quadro para dar o "título" de rei à máscara. A pintura toda pode ser compreendida como a imagem de um rei cercado pela multidão de súditos, com a rua por reino. Em certo sentido, trata-se do próprio pintor.

✳ Por que o pintor deu à máscara uma fisionomia africana?

Jean-Michel Basquiat, filho de um haitiano e uma porto-riquenha, era mestiço. O modo como ele mistura motivos múltiplos sobre o quadro traduz essa noção, fundamental para ele, de mestiçagem: a imagem não se baseia na fusão de elementos diferentes, ela os justapõe insistindo na pluralidade de suas origens. Isso é o que, ao mesmo tempo, produz um aspecto disparatado e constitui sua riqueza.

O rosto africano domina a imagem, é ele que dá o tom; ele indica de cara do que se trata ali.

✳ Por que as cores são tão violentas?

As cores são, sobretudo, muito contrastadas. São as da cidade, dos automóveis e dos cartazes publicitários, dos letreiros das lojas e das luzes de neon. Basquiat emprega, aliás, tinta acrílica, opaca e brilhante como a dos objetos fabricados industrialmente que vemos todos os dias. Ele utiliza a cor para criar relações de força. As palavras também têm seu papel, independentemente do que dizem: são escritas "preto no branco"... O preto da tinta no branco do papel e da tela... O branco e o preto da pele... "Negro no branco" é também: Negro numa cidade de Brancos, Negros e Brancos na cidade e nas ruas...

✳ Por que há tanto para ler neste quadro?

Cada inscrição traz seu próprio estado de espírito. Ao ler o que está escrito aí, penetramos numa pintura cujo espaço não tem fim: a mínima palavra faz nascer, por sua vez, imagens, cores e sons. A localização dessas palavras também importa. Por exemplo, embaixo da grande máscara, "VENT" (vento, escrito em francês) diz que deve haver ar em volta dela. E sentimos isso com ela. Perto de sua orelha, à direita, encontra-se uma lista em inglês: "COPPER, BRASS, IRON, STEEL, GOLD..." (cobre, latão, ferro, aço, ouro...). Ouvimos o ruído do metal, sentimos sua dureza, ele é morno, frio, é banal, é rico, serve para fazer utensílios, máquinas, armas ou joias... E o pintor brinca com as palavras: por exemplo, *"copper"* também significa "tira", "polícia"... A partir disso, toda uma história é inventada. Basta que o espectador entre no quadro.

✳ Este quadro dá a impressão de ter sido feito sem cuidado.

Mesmo que o pintor não tenha obedecido a nenhuma regra de composição tradicional, isso não quer dizer que ele tenha deixado por conta do acaso. Uma imagem assim, descontínua, deslocada, transmite uma forma de ritmo própria de sua época. Ela é comparável a uma música de *rap*. Encontramos nela as mesmas rupturas, os mesmos solavancos... Na parte de baixo, reconhecemos um disco de vinil, o antepassado do CD. Em meados dos anos 1960 nos Estados Unidos, os primeiros *rappers* falavam enquanto um disc-jóquei tocava um disco arranhando sua superfície... Basquiat, que tocava clarineta e sintetizador, também fazia *rap*. Seu quadro resume perfeitamente aquela época, até na sonoridade.

✴ **Há grafites por toda parte; por que os de Basquiat mereceriam estar num museu?**

Mesmo que por definição os grafites traduzam a vontade que têm seus autores de se expressar, muitos permanecem pobres, limitando-se repetitivamente ao insulto ou à obscenidade. As imagens de Basquiat demonstram, ao contrário, uma verdadeira capacidade de compor, de articular formas e referências muito diversas. As relações que ele estabelece entre elas são fruto de um trabalho deliberado, não de um protesto ou de um gesto episódico. Sem ter estudado pintura ou desenho de modo acadêmico, ele estava familiarizado com a arte dos museus e frequentava outros artistas. Suas obras expressam uma virulência extrema, mas não têm nada de primário. Introduzir esses "grafites" no museu significa oficializar a realidade de uma arte que recusou os fundamentos estéticos convencionais para expressar seu próprio nascimento: para Basquiat, era vital ser reconhecido não somente como pintor legítimo, mas antes de tudo como pintor vindo da rua, o primeiro pintor negro norte-americano.

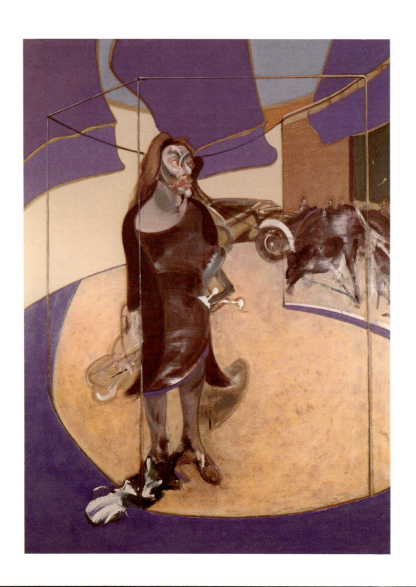

Retrato de Isabel Rawsthorne em pé numa rua do Soho

1967, óleo sobre tela, 198 x 147,5 cm
Neue Nationalgalerie, Berlim, Alemanha
Francis Bacon (Dublin, 1909 – Madri, 1992)

✦ Onde está essa mulher esquisita?

O título do quadro nos diz que ela está numa rua. Soho é um bairro de Londres, na Inglaterra. É um lugar banal por onde as pessoas passam com frequência, em algum momento da vida cotidiana.

✦ Não é possível ver a calçada.

A mulher deve estar atravessando a rua, por isso não vemos a calçada. O pintor só mostrou o lugar importante para ela naquele momento, isto é, o lugar onde ela está caminhando.

✦ Há um grande círculo amarelo no chão.

Isso poderia representar uma grande mancha de luz. Temos certeza de que o tempo está ensolarado por pelo menos duas razões. A primeira é que a mulher não está de casaco. A segunda é que na parte de cima do quadro vemos grandes formas azuis: toldos de tecido que protegem do sol as fachadas das lojas ou os terraços dos cafés.

✦ Esse lugar parece um picadeiro de circo.

A forma arredondada do chão lembra um picadeiro, tanto mais que sua cor leva a pensar na areia. Muitas coisas acontecem num circo. Vemos ali pessoas de todos os tipos: acrobatas, domadores, animais, palhaços. Situações imprevistas, perigosas e acidentes podem acontecer... Ao olhar uma rua comum, o pintor talvez pense que ela não é tão diferente de um circo.

✦ O que ela está fazendo com as mãos?

Na mão direita, sem dúvida, ela segura sua bolsa. Ela deve estar balançando-a ao caminhar, por isso não a distinguimos bem: apenas alguns traços acinzentados no ar. A outra mão está no bolso ou atrás das costas, é difícil dizer.

✶ O que ela está olhando?

Ela se assegura, antes de atravessar, de que não está vindo nenhum carro. Aliás, vemos um ao fundo. Isso nos dá também uma indicação sobre o estado de espírito dessa mulher. O pintor poderia tê-la mostrado simplesmente passeando: ao escolher o instante em que ela vira a cabeça, ele destaca o interesse que ela demonstra pelo que a cerca, o fato de que está consciente do que se passa a sua volta. Seu olhar é tão vigilante quanto o do pintor sobre ela.

✶ Por que ela tem grandes traços de tinta no rosto?

O pintor não a representou como faz uma fotografia. Ele ressaltou alguns traços, inventou cores, deformou seu rosto. Ele não procura imitar precisamente o que vê, mas fazer um quadro a partir do que vê: para fazer um retrato, aplica-se tinta sobre a tela; então, ele mostra seu personagem com um rosto realmente coberto de tinta.

✶ O que representam as linhas retas em volta do personagem?

Não representam nenhum objeto específico, ainda que tenham sido muitas vezes interpretadas como os contornos de uma caixa, de uma jaula transparente. Esse motivo aparece com frequência nos quadros de Francis Bacon, que o explicou como uma espécie de moldura no interior do quadro. É um meio para concentrar a atenção sobre o personagem, de pô-lo ainda mais em evidência, restringindo o espaço em volta dele.

✶ Ao fundo, há uma forma branca que parece um chifre.

Essa forma atrai o olhar, pois é branca. Nos raros lugares em que o pintor utilizou branco, foi para traduzir uma energia brutal: perto da mão esquerda de Isabel Rawsthorne, a seus pés, na beirada do vestido, sobre seu rosto e, obviamente, no fundo, uma linha curva que duplica a do chão... Na realidade, o que tomamos por "chifre" é a carroceria do carro que brilha ao sol, mas a confusão é possível. É até desejável, porque permite explicitar o que é apenas sugerido no quadro: uma espécie de selvageria. Basta deixar as imagens deslizarem umas sobre as outras, como o pintor, e as ideias encadeiam-se: automóvel, roda, chifre, touro, força, arena, combate, perigo...

✶ O pintor usou alguém para posar para este quadro?

Não da maneira habitual. Francis Bacon achava embaraçoso pintar na presença de um modelo. Ele achava que sua maneira de deformar um rosto poderia incomodar, mesmo que não fosse esse seu objetivo. No caso de um retrato, no entanto, precisava de um contato com a realidade. Assim, ele tinha sempre fotografias consigo, servindo de referência. Dava um jeito para encontrar o modelo com a máxima frequência possível: o quadro resultava dessa mistura de percepção da presença física, fotografia e memória.

✴ Por que o rosto é pintado como uma máscara?

Francis Bacon não pretende reproduzir a aparência de uma máscara, mas ocorre que ele manipula o rosto, como que para mostrar simultaneamente sua superfície e o que se esconde embaixo: ele pinta a um só tempo um ser vivo e um esfolado. Os planos de cor parecem pedaços de pele revirados, dobrados. O verde, o branco e o rosa lembram os nervos e os tendões. O pintor revolve essa pele até o interior, não cessa enquanto não a tiver desnudado. Nesse sentido, é verdade que podemos falar de máscara, mas de uma máscara que se arranca. Um retrato assim traduz uma carga de sofrimento quase intolerável. Não é a dor pessoal de Isabel Rawsthorne, mas aquela, mais geral, da humanidade tal como o pintor a percebe.

✴ Francis Bacon fazia muitos desenhos antes de pintar um retrato?

Não, ele não fazia desenhos preparatórios; o ponto de partida de seu quadro era livre, um pouco como uma experiência que ninguém sabe como evoluirá... As primeiras pinceladas de tinta eram determinantes para ele, pois, resultando de uma decisão inicial, provocavam desdobramentos imprevistos; na espessura ou no percurso de uma pincelada, em sua forma, algo deriva sempre do que Francis Bacon chamava "acidente". Seu gesto sobre a tela lhe reservava uma surpresa. A partir daí, ele se aventurava em sua própria lógica, uma forma puxando a outra... Às vezes, nada se produzia de convincente aos olhos do pintor, o equilíbrio entre o que ele podia controlar e o que lhe escapava permanecia fora de alcance... Percebemos muito bem aqui essa divisão: formas amplas, um desenho grande, depois, de súbito, a tinta que respinga, um "acidente" em estado puro.

✳ Quem era Isabel Rawsthorne?

Uma amiga, que ele tinha conhecido vários anos antes num bar do Soho, o bairro evocado neste quadro. Era um local em que artistas e escritores costumavam se encontrar. Ela tinha sido também modelo do escultor Giacometti. Para Francis Bacon, ela era uma pessoa importante. Este retrato apresenta-a como uma figura muito forte, compacta, uma espécie de pilar. É significativo que no título o pintor tenha insistido em sua postura, indicando que ela está "em pé" numa rua... Essa precisão que ele poderia ter omitido afirma ainda mais que, com efeito, ela se mantém bem ereta neste mundo incerto e difícil de qualificar. Aconteça o que acontecer, ela assume o papel de eixo em torno do qual gravitam todos os outros, aqueles que apenas passam.

As jovens de Olmo II

Outubro de 1981, óleo sobre tela, 250 x 250 cm
Musée national d'art moderne, Centre Georges-Pompidou, Paris, França
Georg Baselitz (Georg Kern, dito Baselitz, nascido em 1938 em Deutschbaselitz)

30

✦ O quadro está pendurado de cabeça para baixo.
Na realidade, ele está exatamente como o pintor quer que esteja. Mas é verdade que ele mostra as coisas invertidas.

✦ Não poderíamos virá-lo?
Não seria difícil, mas ninguém tem o direito de fazer isso. É a decisão do pintor que importa, nada mais.

✦ Temos de ficar de cabeça para baixo para vê-lo?
Essa ideia nos vem naturalmente. Mas não adianta, pois, como está, podemos ver muito bem o que o quadro representa. A imagem é simples de compreender.

✦ Vemos dois personagens de bicicleta.
Não há dúvida, são mulheres: vemos nitidamente os seios da que está à direita. O pintor especificou no título que são duas jovens. Ele também deu um jeito para que reconheçamos imediatamente as bicicletas com o mínimo de elementos.

✦ As rodas das bicicletas parecem bolachas.
Quando olhamos uma bicicleta em movimento, não conseguimos distinguir os vazios entre os raios de suas rodas; elas dão a impressão de ser espécies de discos, como aqui.

✦ Há amarelo por toda a parte.
Talvez seja o dia ensolarado: o quadro transmite de imediato uma sensação de luz e calor. E isso é tanto mais provável visto que as moças estão nuas em suas bicicletas. Faz tanto calor que elas não precisam de roupas. Em todo o caso, é o que o pintor deve ter pensado: com certeza na realidade elas estavam vestidas. No quadro, ele lhes deu a oportunidade de ficarem à vontade...

✦ Suas bicicletas e seus olhos são da mesma cor.
Dando-lhes a mesma cor, o pintor instaura uma harmonia entre as bicicletas e as moças, concede-lhes a mesma importância; de certa maneira, são da mesma família. Além disso, o turquesa é uma mistura de azul e verde: sem que as vejamos, essas duas cores, a do céu e a da natureza, também fazem parte do quadro.

✳ Por que as moças são tão parecidas?
Não são moças específicas. É possível que o pintor tenha visto passar e repassar várias delas, sempre de bicicleta. Talvez ele conhecesse algumas, mas depois de certo tempo elas se misturaram em sua cabeça, ele não procurou mais identificá-las. Isso não tinha importância, todas faziam a mesma coisa.

Por que as duas têm exatamente a mesma bicicleta?

O pintor não se interessa mais por bicicletas do que por moças específicas, ele quer dar a ideia da bicicleta em geral. O fato de elas terem a mesma cor facilita a coisa; não percebemos dois objetos diferentes. Pensamos "bicicleta" e nada mais.

Por que os personagens e o fundo são da mesma cor?

A imagem aparece em bloco, como uma unidade. O fundo e o corpo dos personagens são da mesma cor e da mesma substância, de modo que não podemos separá-los. Os elementos do quadro formam um todo indissociável. Se as figuras e o fundo fossem menos interdependentes, seríamos talvez mais tentados a imaginá-los "do lado certo". Aqui, somos obrigados a nos dar conta de que é impossível. É o quadro todo, assim ou nada.

Como a imagem pode ser plana e profunda ao mesmo tempo?

O fundo de cor amarela não dá nenhuma indicação de espaço ou de lugar. De início, nós o percebemos como uma parede opaca. Mas as duas jovens não estão viradas na mesma direção. A de perfil está na frente, prestes a sair do quadro. A outra, à direita, chega atrás, suas rodas são menores, portanto ela está mais longe. É isso que traduz uma profundidade. Elas não estão imobilizadas sobre a imagem, estão num espaço onde se movem, elas vivem nele... A da direita, aliás, está com a boca aberta; ela fala, tem a respiração ofegante, parece que está com dificuldade de continuar...

Por que o quadro é tão "mal pintado"?

A tinta é aplicada brutalmente, as pinceladas são bem visíveis. Em vez de aperfeiçoar os modelos, de alisar suas formas, elas lembram constantemente os gestos do pintor. Em certas partes temos a impressão de que a cor se revoltou, de que foi preciso domá-la. O quadro resulta de uma luta, de um corpo a corpo com o artista. Ele não é "mal pintado", mas deixa deliberadamente visível o trabalho que o produziu: o tema parece ter sido arrancado da realidade, a pintura perturbou sua aparência e comunica isso.

O que significa "Olmo II"?

Olmo é um pequeno povoado da Toscana, na Itália, onde Georg Baselitz via as meninas andando de bicicleta. Ele fez dois quadros sobre esse tema; este, o segundo, foi pintado em outubro. A partir da paleta de cores escolhidas pelo pintor, é fácil imaginar árvores no outono, folhas se amarelando ou avermelhando. Como curiosidade, é preciso lembrar que "Olmo" também era o nome de um famoso ciclista italiano, Giuseppe Olmo, um grande campeão dos anos 1930. Era um nome expressamente indicado para as moças deste quadro...

✳ Em que sentido Baselitz pinta seus quadros?

Ela trabalha sobre telas estendidas no chão, eliminando *a priori* qualquer noção tradicional de hierarquia. A imagem é abordada em todos os sentidos ao mesmo tempo. Sua estrutura própria prevalece sobre as regras às quais as coisas são submetidas na realidade (o lado de cima, o de baixo, a esquerda, a direita, o comprimento, a largura etc.). Isso implica, portanto, que ele não pinta sua tela "do lado certo", limitando-se a invertê-la no momento de expor.

✳ Como é que se pode ter a ideia de expor um quadro no qual a imagem está invertida?

Não há nada de incomum em um pintor inverter um quadro para observá-lo melhor. É até bastante usual, para tomar distância em relação ao tema e se concentrar na articulação das cores e das formas. Podemos tentar a experiência com qualquer imagem: de cabeça para baixo, o equilíbrio ou as falhas da composição saltam aos olhos. É um teste que demonstra se o quadro "resiste" ou não. Desde 1969, Baselitz vem fazendo dessa prática particular um verdadeiro modo pictural.

✳ Para que serve obrigar as pessoas a olhar uma imagem invertida?

Baselitz não obriga ninguém a olhar seus quadros, estejam eles invertidos ou não. Mas, se o fazemos, é preciso aceitar sermos confrontados com uma situação inesperada... Ainda que reconhecível, o tema é disposto de tal maneira que a relação com a realidade é imediatamente refutada. A ligação com o real existe, mas é perturbada. Baselitz trabalha para destruir a oposição entre pintura figurativa e pintura abstrata. Se conseguimos superar o primeiro estágio do espanto, realizamos uma coisa muito mais surpreendente ainda: acabamos esquecendo completamente que as jovens estão "invertidas"...

✳ Baselitz pinta esse tipo de quadro para "chocar" o público?

É certo que um quadro desses não passa despercebido. Mas "chocar" não constitui um fim em si. É desse modo que o pintor obtém o tipo de reação que melhor legitima seu trabalho: num mundo em que vemos sem piscar tantas fotos, filmes que mostram as piores atrocidades, as catástrofes naturais, as pessoas morrendo de fome, as vítimas das guerras, das torturas e dos atentados, eis então que seu quadro "escandaliza", simplesmente porque mostra uma imagem invertida... Provocando esse "choque" fora de proporções, Baselitz demonstra ao mesmo tempo seu absurdo; e ele pode declarar em sã consciência que, sim, nosso mundo está "de cabeça para baixo". A pintura assume aqui uma de suas vocações mais fundamentais, a que consiste em tirar o olhar e o espírito de seu conforto...

Para saber mais

Será possível a cada um aprofundar seus conhecimentos sobre a obra de um pintor, sobre um tema ou uma época reportando-se a uma multiplicidade de livros, acessíveis tanto nas livrarias quanto nas bibliotecas.

Como sugestão, eis alguns livros que poderão ser consultados, bastante úteis por sua precisão e sua clareza, sem nunca dar a impressão de se perder.

• Ernst Gombrich, *Histoire de l'art*, Éditions Phaïdon, 2001. (Lançado em 1950, título original: *The Story of Art*.) Um grande clássico inúmeras vezes reeditado e atualizado. [*A história da arte*, trad. Álvaro Cabral, Rio de Janeiro, LTC, 1999.]

• James Hall, *Dictionnaire des mythes et des symboles*, Éditions Gérard Monfort, 1994. (Lançado em 1974, título original: *Dictionary of Subjects and Symbols in Art*.) Um detalhe: os verbetes dizem respeito tanto aos temas religiosos quanto aos temas mitológicos.

• René Martin (org.), *Dictionnaire culturel da la mythologie gréco-romaine*, Éditions Nathan, 1992. [*Dicionário cultural da mitologia greco-romana*, trad. Fatima Leal Gaspar, Lisboa, Dom Quixote, 1995.]

• Nicole Lemaître, Marie-Thérèse Quinson, Véronique Sot, *Dictionnaire culturel du christianisme*, Éditions Cerf-Nathan, 1994. [*Dicionário cultural do cristianismo*, trad. Gilmar S. Ribeiro, Maria Stela Gonçalves e Yvone Maria de C. T. da Silva, São Paulo, Loyola, c.1999.]

• Alison Jones, *Les Saints*, Éditions Bordas, 1995. (Lançado em 1992, título original: *Saints*.)

• Nancy G. Heller, *Femmes artistes*, Éditions Herscher, 1991. (Lançado em 1987, título original: *Women Artists, an Illustrated History*.)

• Jean-Luc Daval, *Histoire de la peinture abstraite*, Éditions Fernand Hazan, 1988.

• Pascale Le Thorel-Daviot, *Petit dictionnaire des artistes contemporains*, Éditions Bordas, 1996.

• Michel Pastoureau, *Dictionnaire des couleurs de notre temps*, Éditions Christine Bonneton, 1992.

Existem inúmeras publicações, também em formato de bolso, consagradas a coletâneas de contos e lendas tirados da mitologia, que permitirão encontrar os heróis cujas aventuras são ilustradas pelos pintores.

Sempre que for possível, vale a pena reportar-se aos diversos textos de artistas, às obras que relatam entrevistas com alguns deles, livros relativamente numerosos hoje. Mesmo que eles não façam necessariamente comentários sobre obras específicas, são textos insubstituíveis para compreender o estado de espírito dos artistas e para abordar seu trabalho com o ponto de vista mais direto e mais simples. Para o século XIX, citaremos, em especial, o *Journal (1822-1863)*, de Eugène Delacroix, Éditions Plon, 1996, e *Lettres à son frère Théo*, de Vincent van Gogh, Éditions Grasset, 2002 [*Cartas a Théo*, trad. Pierre Ruprecht, Porto Alegre, L&PM, 1997]. Para o século XX, recomendamos *Fonctions de la peinture*, de Fernand Léger, Éditions Gallimard, 1997 [*Funções da pintura*, trad. Eduardo Brandão, São Paulo, Nobel, 1989]; *Entretiens avec Francis Bacon*, de David Sylvester, Éditions Skira, 1996 [*Entrevistas com Francis Bacon*, trad. Maria Teresa de Resende Costa, São Paulo, Cosac Naify, 2007]; *Conversations avec Picasso*, de Brassaï, Éditions Gallimard, 1997 [*Conversas com Picasso*, trad. Paulo Neves, São Paulo, Cosac Naify, 2000].

Poderão, igualmente, ser consultados vários sites na internet consagrados à arte, entre os quais: www.artcyclopedia.com; www.artchive.com; www.abcgallery.com.

Créditos fotográficos:

Adagp, Paris, 2002: pp. 134, 150, 162, 166, 170

Mondrian/Holtzman Trust c/o Beeldrecht, Adagp, 2002, Paris: p. 146

Succ. Chagall, Banque d'Images, Adagp, Paris, 2002: p. 138

The Estate of Francis Bacon, Adagp, Paris, 2002: p. 166

AKG, Paris: pp. 70, 118, 126

Erich Lessing/AKG, Paris: pp. 98, 130, 158

Archives Adam Biro: p. 78

Artephot/J. Martin: p. 54

Baselitz Georg, 2002, Derneburg: p. 170

Bildarchiv Preussicher Kulturbesitz/Jörg P. Anders: p. 110

Bridgeman Giraudon: pp. 62, 78, 94, 106, 142

Bridgeman Giraudon/Lauros: p. 58

Cnac/Mnam Dist. RMN: p. 74

Kunsthaus, Zurich: p. 154

Mac, galeries contemporaines des musées de Marseille: p. 162

Photos12.com/ARJ: pp. 66, 74, 86, 90, 102, 114, 122, 134, 138, 150

Succession Picasso, Paris, 2002: p. 150

Agradeço enormemente Adam Biro pelo entusiasmo de que deu prova desde o início deste projeto, assim como Laurence Golstenne, de uma eficiência, uma paciência e uma disponibilidade inesgotáveis quaisquer que fossem as circunstâncias.
Minha gratidão, igualmente, a Alain Coudert, cujo estímulo me foi sempre precioso.
Este livro, por fim, não teria sem dúvida jamais existido sem o apoio incondicional de meu marido e primeiro leitor...

Françoise Barbe-Gall

Projeto gráfico
Robaglia Design
Antoine Robaglia, Nathalie Bigard